TRAITÉ

DE

L'ORIGINE

1258

DES ROMANS.

8°42. 54328

TRAITÉ

DE

L'ORIGINE

DES ROMANS

PAR HUET

ÉVÊQUE D'AVRANCHES,

Suivi d'observations et de jugemens sur les Romans Français ; avec l'indication des meilleurs Romans qui ont paru, sur-tout, pendant le dix-huitieme siecle, jusqu'à ce jour.

———

A PARIS,

Chez N. L. M. Dessessarts, éditeur, imp.-lib., rue du Théâtre-Français, au coin de la Place de l'Odéon.

An VII.

PRÉFACE

DE L'ÉDITEUR.

J. J. Rousseau a dit que les Nations corrompues ont besoin de Romans, comme les malades ont besoin de remedes. Il vaudrait beaucoup mieux, sans doute, qu'elles pussent se passer de ces palliatifs; mais, puisqu'à la fin du dix-huitieme siecle nous sommes pour le moins aussi corrompus que nos ancêtres; puisqu'il est nécessaire que nous ayons des Romans, on trouvera certainement utile et même in-

dispensable de connaître leur origine.

Un des écrivains les plus éclairés du
dix-septieme siecle (le célebre Huet,
évêque d'Avranches) nous a laissé
un ouvrage précieux sur cette matiere.

Des censeurs atrabilaires osérent
dans le tems blâmer ce savant pré-
lat, d'avoir mis au jour cet excellent
traité. Les hypocrites de toutes les
classes devaient, en effet, savoir
mauvais gré à un évêque de faire
l'éloge des romans, et sur-tout de prouver que les hommes les plus graves de
l'antiquité, et même les pontifes les
plus austeres de toutes les religions,

n'avaient pas dédaigné de s'occuper de ce genre de littérature. Mais c'est envain que la critique a voulu s'attacher à la savante production de l'évêque d'Avranches : son traité *de l'Origine des Romans* passera à la postérité la plus reculée.

J'ai donc cru que le public accueillerait favorablement une nouvelle édition de cet ouvrage, qui est devenu très-rare. J'y ai ajouté des observations et des jugemens sur les Romans français, que j'ai puisés dans les ouvrages d'un littérateur qui a donné dans ce genre l'exemple et le précepte. J'ai enfin terminé ce recueil en indiquant les Romans qui ont eu le plus de succès , sur-tout depuis le dix-huitieme siecle.

J'aime à croire que cette réunion plaira , et qu'elle sera utile à ceux qui s'occupent de la lecture des Romans.

———————

TRAITÉ

TRAITÉ

DE

L'ORIGINE

DES ROMANS.

Votre curiosité est bien raisonnable, et il sied bien de savoir l'Origine des Romans à celui qui entend si bien l'art de les faire. Mais je ne sais, Monsieur (*), s'il me sied bien aussi d'entreprendre de satisfaire votre desir. Je suis sans

(*) Cette dissertation fut adressée à Segrais, auteur du Roman de Zayde.

livres : j'ai présentement la tête rem-
plie de toute autre chose, et je
connais combien cette recherche est
embarrassante. Ce n'est, ni en Provence, ni en Espagne, comme plusieurs le croyent, qu'il faut espérer
de trouver les premiers commence-
mens de cet agréable amusement des
honnêtes paresseux : il faut les aller
chercher dans des pays plus éloignés, et dans l'antiquité la plus reculée. Je ferai pourtant ce que vous
souhaitez ; car, comme notre ancienne et étroite amitié vous donne
droit de me demander toutes choses,
elle m'ôte aussi la liberté de vous
rien refuser.

Autrefois, sous le nom de Romans,
on comprenait, non-seulement ceux
qui étaient écrits en prose, mais plus

souvent encore ceux qui étaient écrits
en vers. Le Giraldi et le Pigna, son
disciple, dans leurs Traités *de Romanzi*, n'en reconnaissent presque
point d'autres, et donnent le Boiardo,
et l'Arioste pour modeles. Mais aujourd'hui l'usage contraire a prévalu,
et ce que l'on appelle proprement
Romans sont des fictions d'aventures
amoureuses, écrites en prose avec
art, pour le plaisir et l'instruction
des lecteurs. Je dis des fictions, pour
les distinguer des histoires véritables.
J'ajoute, d'aventures amoureuses,
parce que l'amour doit être le principal sujet du Roman. Il faut qu'elles
soient écrites en prose, pour être
conformes à l'usage de ce siecle. Il
faut qu'elles soient écrites avec art, et
sous de certaines regles ; autrement

ce sera un amas confus, sans ordre
et sans beauté. La fin principale des
Romans, ou du moins celle qui doit
l'être , et que se doivent proposer
ceux qui les composent, est l'instruction des lecteurs, à qui il faut toujours faire voir la vertu couronnée ,
et le vice châtié. Mais comme l'esprit
de l'homme est naturellement en-
nemi des enseignemens, et que son
amour-propre le révolte contre les ins-
tructions, il le faut tromper par l'appas du plaisir, et adoucir la sévérité
des préceptes, par l'agrément des
exemples , et corriger ses défauts en
les condamnant dans un autre. Ainsi le
divertissement du lecteur, que le Romancier habile semble se proposer
pour but, n'est qu'une fin subordon-
née à la principale, qui est l'instruc-

tion de l'esprit, et la correction des
mœurs ; et les Romans sont plus ou
moins réguliers, selon qu'ils s'éloi-
gnent plus ou moins de cette définition
et de cette fin. C'est seulement de
ceux-là que je prétends vous entrete-
nir : et je crois aussi que c'est-là que
se borne votre curiosité.

Je ne parle donc point ici des Romans en vers, et moins encore des
poëmes épiques, qui, outre qu'ils
sont en vers, ont encore des diffé-
rences essentielles qui les distinguent
des Romans : quoi qu'ils aient d'ailleurs un très-grand rapport, et que
suivant la maxime d'Aristote, qui enseigne que le poëte est plus poëte par
les fictions qu'il invente, que par les
vers qu'il compose, on puisse mettre
les faiseurs de Romans au nombre des

poëtes. Pétrone dit que les poëmes
doivent s'expliquer par de grands dé-
tours, par le ministere des Dieux, par
des expressions libres et hardies, de
sorte qu'on les prenne plutôt pour des
oracles, qui partent d'un esprit plein
de fureur, que pour une narration
exacte et fidele : les Romans sont
plus simples, moins élevés, moins
figurés dans l'invention et dans l'expression. Les poëmes ont plus de merveilleux, quoique toujours vraisemblables ; les Romans ont plus du vraisemblable, quoiqu'ils aient quelquefois du merveilleux. Les poëmes sont
plus réglés, et plus châtiés dans l'ordonnance, et reçoivent moins de matiere, d'événemens, et d'Episodes :
les Romans en reçoivent davantage,
parce qu'étant moins élevés et moins

figurés, ils ne tendent pas tant l'esprit, et le laissent en état de se char-
ger d'un plus grand nombre de différentes idées. Enfin, les poëmes ont
pour sujet une action militaire ou
politique, et ne traitent l'amour que
par occasion : les Romans au contraire
ont l'amour pour sujet principal, et
ne traitent la politique et la guerre
que par incident. Je parle des Romans
réguliers, car la plupart des vieux Romans français, italiens, et espagnols
sont bien moins amoureux que mili-
taires. C'est ce qui a fait croire à Giraldi que le nom de Roman vient d'un
mot grec, qui signifie la force et la valeur ; parce que ces livres ne sont faits
que pour vanter la force et la valeur
des paladins : mais Giraldi s'est abusé
en cela, comme vous verrez dans

la suite. Je ne comprends point ici non
plus ces histoires qui sont reconnues
pour avoir beaucoup de faussetés,
telles que sont celle d'Hérodote, qui
pourtant en a bien moins que l'on ne
croit, la navigation d'Hannon, la vie
d'Apollonius écrite par Philostrate,
et plusieurs semblables. Ces ouvrages
sont véritables dans le gros, et faux
seulement dans quelques parties. Les
Romans au contraire sont véritables
dans quelques parties, faux dans le
gros. Les uns sont des vérités mêlées
de quelques faussetés, les autres sont
des faussetés mêlées de quelques vérités. Je veux dire que la vérité tient
le dessus dans ces histoires, et que la
fausseté prédomine tellement dans les
Romans, qu'ils peuvent même être
entierement faux, et en gros et en

détail. Aristote enseigne que la tragédie dont l'argument est connu, et
pris dans l'histoire, est la plus par-
faite ; parce qu'elle est plus vraisemblable que celle dont l'argument est
nouveau, et entierement controuvé :
et néanmoins il ne condamne pas
cette derniere. Sa raison est, qu'encore que l'argument d'une tragédie
soit tiré de l'histoire, il est pourtant
ignoré de la plupart des spectateurs,
et nouveau à leur égard, et que cependant il ne laisse pas de divertir
tout le monde. Il faut dire la même
chose des Romans, avec cette distinc-
tion toutefois, que la fiction totale
de l'argument est plus recevable dans
les Romans dont les acteurs sont de
médiocre fortune, comme dans les
Romans comiques, que dans les

grands Romans dont les princes et
les conquérans sont les acteurs, et
dont les aventures sont illustres et
mémorables : parce qu'il ne serait
pas vraisemblable que de grands événemens fussent demeurés cachés au
monde, et négligés par les historiens :
et la vraisemblance, qui ne se trouve
pas toujours dans l'histoire, est essentielle au Roman. J'exclus aussi du
nombre des Romans de certaines histoires entierement controuvées, et
dans le tout et dans les parties, mais
inventées seulement au défaut de la
vérité. Telles sont les origines imaginaires de la plupart des nations, et
même des plus barbares. Telles sont
encore ces histoires si grossierement
supposées par le moine Annius de
Viterbe, qui ont mérité l'indignation

ou le mépris de tous les savans. Je mets la même différence entre les Romans, et ces sortes d'ouvrages, qu'entre ceux qui par un artifice innocent se travestissent et se masquent pour se divertir en divertissant les autres ; et ces scélérats qui, prennant le nom et l'habit de gens morts ou absens, usurpent leurs biens à la faveur de quelque ressemblance. Enfin je mets aussi les fables hors de mon sujet : car les Romans sont des fictions de choses qui ont pu être, et qui n'ont point été : et les fables sont des fictions de choses qui n'ont point été, et n'ont pu être.

Après être convenus des ouvrages qui méritent proprement le nom de Romans, je dis que l'invention en est due aux Orientaux ; je veux dire aux

Egyptiens, aux Arabes, aux Perses
et aux Syriens. Vous l'avouerez, sans
doute, quand je vous aurai montré
que la plupart de grands Romanciers
de l'antiquité sont sortis de ces peuples. Cléarque, qui avait fait des livres d'amour, était de Cilicie, province voisine de Syrie. Imblique, qui
a écrit les aventures de Rhodanès et
de Sinonis, était né de parens Syriens, et fut élevé à Babylone. Héliodore, auteur du Roman de Thégène
et de Chariclée, était d'Emese, ville
de Phénicie. Lucien, qui a écrit la
métamorphose de Lecius en âne,
était de Samosate, capitale de Goma-
gène, province de Syrie. Achillés Tatius, qui nous a appris les amours de
Clitophon et de Leucippe, était d'A-
lexandrie d'Egypte. L'histoire fabu-

leuse de Barlaam et de Josaphat a été
composée par Saint-Jean de Damas,
capitale de Syrie. Damascius, qui
avait fait quatre livres de fictions,
non-seulement incroyables comme il
les avait intitulées, mais même gros-
sieres et éloignées de toutes vraisemblance, comme l'assure Photius, était
aussi de Damas. Des trois Xénophon
romanciers dont parle Suidas, l'un
était d'Antioche de Syrie, et l'autre
de Chypre, île voisine de la même
contrée. De sorte que tout ce pays
mérite bien mieux d'être appelé le
pays des fables, que la Grèce, où
elles n'ont été que transplantées, mais
où elles ont trouvé le terroir si bon,
qu'elles y ont admirablement bien
pris racine.

Aussi à peine est-il croyable com-

bien tous ces peuples ont l'esprit poé-
tique, inventif, et amateur des fictions; tous leurs discours sont figurés, ils ne s'expliquent que par allé-
gories ; leur théologie , leur philosophie , et principalement leur politique et leur morale , sont toutes
enveloppées sous des fables et des
paraboles.

Les Hyéroglyphes des Egyptiens
font voir à quel point cette nation
était mystérieuse. Tout s'exprimait
chez eux par images , tout y était
déguisé ; leur religion était toute
voilée ; on ne la faisait connaître
aux profanes , que sous le masque
des fables, et on ne levait ce masque
que pour ceux qu'ils jugeaient dignes
d'être initiés dans leurs mysteres.
Hérodote dit que les grecs avaient

pris d'eux leur théologie mytholo-
gique , et il rapporte des contes qu'il
avait appris des prêtres d'Egypte , et
que tout crédule et fabuleux qu'il est
lui-même , il rapporte comme des
sornettes. Ces sornettes ne laissaient
pas d'être agréables , et de toucher
fort l'esprit curieux des grecs, comme
Héliodore le témoigne , gens desi-
reux d'apprendre et amateurs des
nouveautés. Et ce fut sans doute de
ces prêtres que Pythagore et Platon ,
aux voyages qu'ils firent en Egypte,
apprirent à travestir leur philosophie ,
et à la cacher dans l'ombre des mysteres et des déguisemens.

Pour les Arabes , si vous consultés
leurs ouvrages , vous n'y trouverez
que métaphores tirées par les che-
veux, que similitudes et que fictions.

Leur Alcoran est de cette sorte. Mahomet dit qu'il l'a fait ainsi , afin que les hommes pussent plus aisément l'apprendre , et plus difficilement l'oublier. Ils ont traduit les fables d'Esope en leur langue , et quelques-uns d'entr'eux en ont composé de semblables. Ce Locman , si renommé dans tout l'orient, n'était autre qu'Esope. Ses fables, que les Arabes ont ramassées en un volume fort ample , lui acquirent tant d'estime parmi eux, que l'Alcoran vante son savoir dans un chapitre , qui , pour cela , est intitulé du nom de Locman. Les vies de leurs patriarches , de leurs prophetes , et de leurs apôtres sont toutes fabuleuses. Ils font leurs délices de la poësie , et c'est l'étude la plus ordinaire de leurs beaux esprits.

Cette

Cette inclination ne leur est pas nouvelle : elle les possédait même devant
Mahomet, et ils ont des poëmes de
ce tems-là. Erpénius assure que tout
le reste du monde ensemble n'a point
eu tant de poëtes que la seule Arabie.
Ils en content soixante, qui sont
entr'eux comme les princes de la
poësie, et qui ont de grandes troupes
de poëtes sous eux. Les plus habiles
ont traité l'amour en des églogues,
et quelques-uns de leurs livres sur
cette matiere, ont passé en occident.
Plusieurs de leurs califes n'ont pas
tenu la poësie indigne de leur application. Abdalla, l'un d'entr'eux,
s'y signala, et fit un livre de similitudes, comme rapporte Elmacin.
C'est des Arabes, à mon avis, que
nous tenons l'art de rimer, et je

vois assez d'apparence que les vers
Léonins ont été faits à l'exemple des
leurs : car il ne paraît point que les
rimes eussent cours dans l'Europe
avant l'entrée de Taric et de Muça
en Espagne, et l'on en vit quantité
dans les siecles suivans , quoiqu'il
me fût aisé de vous faire voir d'ailleurs , que les vers rimés ne furent
pas tout-à-fait inconnus aux anciens
Romains.

Les Perses n'ont point cédé aux
Arabes en l'art de mentir agréablement : car encore que le mensonge
leur fut autrefois fort odieux dans
l'usage de la vie, et qu'ils ne défen-
dissent rien à leurs enfans avec tant
de sévérité ; néanmoins il leur plaisait
infiniment dans les livres et dans le
commerce des lettres , si toutefois les

fictions se doivent appeller mensonge. Pour en tomber d'accord, il
ne faut que lire les aventures fabuleuses de leur l'égislateur Zo-
roastre. Strabon dit que les maîtres
parmi eux donnaient à leurs disciples
des préceptes de morale enveloppés
de fictions. Il dit en un autre endroit
que l'on n'ajoute pas beaucoup de foi
aux anciennes histoires des Perses ,
des Medes et des Syriens , à cause
de l'inclination que leurs écrivains
avaient à conter des fables : car
voyant que ceux qui en écrivaient de
profession étaient en estime , ils crurent qu'on prendrait plaisir à lire des
relations fausses et controuvées , si
elles étaient écrites en forme d'histoires. Les fables d'Esope ont été si
fort à leur goût, qu'ils se sout appro-

prié l'auteur. C'est ce même Locman
de l'Alcoran, dont je vous ai parlé,
qui est si renommé parmi tous les
peuples du levant : ils ont voulu
dérober à la Phrygie l'honneur de sa
naissance, et se l'attribuer : car les
Arabes disent qu'il était de la race des
Hébreux, et les Perses disent qu'il
était Arabe noir, et qu'il passa sa vie
dans la ville de Caswin, qui était
l'Arsacie des anciens. D'autres au
contraire, voyant que sa vie écrite
par Mirkond a beaucoup de rapport
avec celle d'Esope, que Maximus
Planudes nous a laissée, et ayant
remarqué que comme les Anges donnent la sagesse à Locman dans Mirkond, Mercure donne la fable à
Esope dans Philostrate, ils se sont
persuadés que les Grecs avaient dé-

robé Locman aux orientaux, et en
avaient fait leur Esope. Ce n'est pas
ici le lieu d'approfondir cette ques-
tion : je dirai seulement en passant,
qu'il faut se souvenir de ce que dit
Strabon , que les histoires de ces
peuples d'orient sont pleines de mensonges, qu'ils sont peu exacts et peu
fideles, et qu'il est assez vraisemblable qu'ils ont été fabuleux en par-
lant de l'auteur et de l'origine des
fables, comme en tout le reste ; que
les Grecs sont plus diligens et de
meilleure foi dans la chronologie et
dans l'histoire ; et que la conformité
du Locman de Mirkond avec l'Esope
de Planucés et de Philostrate, ne
prouve pas davantage qu'Esope soit
Locman , qu'elle prouve que Locman
soit Esope. Les Perses ont donné à

Locman le surnom de Sage, parce qu'en effet, Esope a été mis au nombre des Sages : ils disent qu'il était profondément savant dans la médecine, qu'il y trouva des secrets admirables, et entr'autres celui de faire revivre les morts. Ils ont si bien glosé, paraphrasé, et augmenté ses fables, qu'ils en ont fait comme les Arabes un très-gros volume, dont on voit un exemplaire dans la bibliotheque du Vatican. Sa réputation a passé jusqu'en Egypte et dans la Nubie, où son nom et son savoir sont en grande vénération. Les turcs d'aujourd'hui n'en font pas moins de cas, et croyent comme Mirkond, qu'il a vécu au tems de David : en quoi, s'il est véritablement Esope, et s'il faut ajouter foi à la chronologie grecque,

ils se trompent d'environ quatre cens
cinquante ans ; mais les Turcs n'y
regardent pas de si près. Cela con-
viendrait mieux à Hésiode, qui fut
contemporain de Salomon, et à qui,
suivant le rapport de Quintilien, on
doit la gloire de la premiere invention
des fables, que l'on a attribuée à Esope.
Il n'y a point de poëtes qui égalent les
Perses en la licence qu'ils se donnent
de mentir dans les vies de leurs Saints,
sur l'origine de leur religion, et dans
leurs histoires. Ils ont tellement défi-
guré celles dont nous savons la vérité
par les relations des Grecs et des Romains, qu'on ne les reconnaît pas.
Et même dégénérant de cette louable
aversion qu'ils avaient autrefois contre ceux qui se servaient du mensonge pour leurs intérêst, ils s'en

font aujourd'hui un honneur. Ils aiment passionnément la poësie ; c'est
le divertissement des grands et du
peuple : le principal manquerait à un
régal, si la poësie y manquait. Aussi
tout y est plein de poëtes, qui se
font remarquer par leurs habillemens
extraordinaires. Leurs ouvrages de
galanterie, et leurs histoires amoureuses ont été célebres, et décou-
vrent l'esprit Romancier de cette
nation.

Les Indiens même, voisins des
Perses, avaient l'esprit porté comme
eux aux inventions fabuleules. San-
dabet, indien, avait composé des paraboles, qui ont été traduites par les
Hébreux, et que l'on trouve encore
aujourd'hui dans les bibliotheques
des curieux. Le pere Poussin, jé-

suite , a joint à son Pachymere ,
qu'il a fait imprimer depuis peu 'à
Rome, un dialogue entre Absalom ,
roi des Indes , et un Gymnosophiste,
sur diverses questions de morale, où
ce philosophe ne s'explique que par
paraboles et par fables à la maniere
d'Esope. La préface porte que ce livre
avait été composé par les plus sages
et les plus savans de cette nation ,
et qu'il était soigneusement gardé
dans le trésor des chartes du royaume;
que Perzoës, médecin de Chosroës ,
roi de Perse , le traduisit d'Indien en
Persan , un autre de Persan en Arabe,
et Siméon Sethi , d'Arabe en Grec.
Ce livre est si peu différent des apologues qui portent le nom de l'indien Pilpay , et qui ont paru en français depuis quelques années , qu'on

ne peut pas douter qu'il n'en soit
l'original ou la copie : car on dit que
ce Pilpay fut un Bramine, qui eut
part aux grandes affaires et au gouvernement de l'état des Indes sous
le roi Dabchelin , qu'il renferma
toute sa politique et toute sa morale
dans ce livre qui fut conservé par
les rois des Indes , comme un trésor
de sagesse et d'érudition ; que la réputation de ce livre étant allée jusqu'à Nouchiveron , roi de Perse , il
en eut adroitement une copie par
le moyen de son médecin , qui le
traduisit en Persan ; que le calife
Abujafar Almansor le fit traduire
de Persan en Arabe ; et un autre
d'Arabe en Persan ; et qu'après toutes
ces traductions persiennes, on en fit
encore une nouvelle , différente des

précédentes, sur laquelle on a fait la
française. Certainement , qui lira
l'histoire des prétendus patriarches ;
des indiens Brammon et Bremmaw ;
de leurs descendans , et de leurs peu-
plades , ne cherchera point d'autre
preuve de l'amour de ce peuple pour
les fables. Je croirais donc volontiers que quand Horace a appellé fabuleux le fleuve Hydaspe , qui a sa
source dans la Perse , et son embou-
chure dans les Indes , il a voulu dire
qu'il commence et qu'il finit sa course
parmi des peuples fort adonnés aux
feintes et aux déguisemens.

Ces feintes et ces paraboles que
vous avez vues profanes dans les nations dont je viens de vous parler ,
ont été sanctifiées dans la Syrie. Les
auteurs sacrés s'accommodant à l'es-

prit des juifs, s'en sont servis pour
exprimer les inspirations qu'ils rece-
vaient du ciel. L'écriture-sainte est
toute mystique , toute allégorique,
toute énigmatique. Les Talmudistes
ont cru que le livre de Job n'est
qu'une parabole de l'invention des
Hébreux. Ce livre , celui de David ,
les proverbes , l'ecclésiaste , le can-
tique des cantiques , et tous les autres
cantiques sacrés sont des ouvrages
poëtiques , pleins de figures , qui pa-
raîtraient hardies et violentes dans
nos écrits , et qui sont ordinaires dans
ceux de cette nation. Le livre des
proverbes est autrement intitulé les
paraboles , parce que les proverbes
de cette sorte , selon la définition de
Quintilien , ne sont que des fictions
ou paraboles en racourci. Le can-

tique des cantiques est une pièce dra-
matique, où les sentimens passion-
nés de l'époux et de l'épouse sont
exprimés d'une manière si tendre et
si touchante, que nous en serions
charmés, si ces expressions et ces
figures avaient un peu plus de rapport
avec notre génie; ou que nous pus-
sions nous défaire de cette injuste
préoccupation qui nous fait désap-
prouver tout ce qui s'éloigne tant
soit peu de nos mœurs. En quoi nous
nous condamnons nous-mêmes, sans
nous en appercevoir; puisque notre
légéreté ne nous permet pas de per-
sévérer long-tems dans les mêmes
coutumes. Notre Seigneur lui-même
ne donne presque point de préceptes
aux juifs que sous le voile des paraboles. Le Talmud contient un million

de fables, toutes plus impertinentes
les unes que les autres : plusieurs
rabbins les ont depuis expliquées,
conciliées , ou ramassées dans des
ouvrages particuliers, et ont composé
d'ailleurs beaucoup de poësies, de
proverbes , et d'apologues. Les Cy-
priots, et les Ciliciens voisins de la
Syrie ont inventé de certaines fables
qui portaient le nom de ces peuples :
et l'habitude que les Ciliciens en
leur particulier avaient au mensonge
a été décriée par un des plus anciens
proverbes qui aient eu cours dans la
Grèce. Enfin , les fables étaient en si
grande vogue dans toutes ces con-
trées, que parmi les Assyriens et les
Arabes , selon le témoignage de Lucien, il y avait de certains personnages , dont la seule profession était

d'expliquer les fables; et ces gens me-
naient une vie si réglée, qu'ils vi-
vaient beaucoup plus long-tems que
les autres hommes.

Mais il ne suffit pas d'avoir dé-
couvert la source des Romans, il
faut voir par qu'elle chemin ils se
sont répandus dans la Grèce et dans
l'Italie; et s'ils ont passé de là jusqu'à nous, ou si nous les tenons
d'ailleurs. Les Ioniens, peuples de
l'Asie mineure, s'étant élevés à une
grande puissance, et ayant acquis beaucoup de richesses, s'étaient plongés
dans le luxe, et dans les voluptés, com-
pagnes inséparables de l'abondance.
Cyrus les aiant subjugués par la prise
de Crésus, et toute l'Asie mineure
étant tombée avec eux sous la puissance des Perses, ils reçurent leurs

mœurs avec leurs lois, et mêlant
leurs débauches avec celles où leur
inclination les avait déjà portés, ils
devinrent la plus voluptueuse nation
du monde. Ils raffinerent sur les
plaisirs de la table, ils y ajouterent
les fleurs et les parfums; ils trou-
verent de nouveaux ornemens pour
les bâtimens; les laines les plus fines
et les plus belles tapisseries du monde
venaient de chez eux; ils furent auteurs d'une danse lascive, que l'on
nomma Ionique; et ils se signalerent
si bien par leur molesse, qu'elle passa
en proverbe. Mais entre eux les Milésiens l'emporterent en la science
des plaisirs, et en délicatesse ingénieuse. Ce furent eux qui, les premiers, apprirent des Perses l'art de
faire de Romans, et y travaillerent

si heureusement que les fables Milésiennes , c'est-à-dire leurs Romans ,
pleines d'histoires amoureuses et de
récits dissolus , furent en réputation.
Il y a assez d'apparence que les Romans avaient été innocens jusqu'à
eux, et ne contenaient que des aventures singulieres et mémorables ,
qu'ils les corrompirent les premiers
et les remplirent de narrations lascives , et d'événemens amoureux. Le
tems a consumé tout ces ouvrages ,
et à peine a-t-il conservé le nom
d'Aristide, le plus célebre de leurs
Romanciers, qui avait écrit plusieurs
livres de fables , surnommées Milésiennes. Je trouve qu'un Denis Mi-
lésien , qui vécut sous le premier
Darius, avait écrit des histoires fabuleuses ; mais n'étant pas certain

que ce ne fût point quelque com-
pilation de fables anciennes, et ne
voyant pas assez de fondement pour
croire que ce fussent des fables proprement appellées Milésiennes, je ne
le mets point au rang des faiseurs
de Romans.

Les Ioniens, qui étaient sortis de
l'Attique et du Péloponese, se sou-
venaient de leur origine, et entrete-
naient un grand commerce avec les
Grecs. Ils s'envoyaient réciproque-
ment leurs enfans pour les dépayser,
et leur faire apprendre les mœurs
les uns des autres. Dans cette communication si fréquente, la Grèce
qui était assez portée aux fables
d'elle-même, apprit aisément des
Ioniens l'art de composer les Romans,
et le cultiva avec succès. Mais pour

ne point confondre les choses, j'es-
saierai de rapporter selon l'ordre du
tems, ceux des écrivains Grecs, qui
se sont signalés dans cet art.

Je n'en vois aucun devant Alexan-
dre-le-Grand : et cela me persuade
que la science romanesque n'avait
pas fait de grands progrès parmi les
Grecs, avant qu'ils l'eussent apprise
des Perses même , lorsqu'ils les
subjuguerent, et qu'ils eussent puisé
à la source. Cléarque de Soli, ville de
Cilicie, qui vécut du tems d'Alexandre, et fut comme lui disciple d'A-
ristote, est le premier que je trouve
avoir écrit des livres d'amour. Encore
ne sai-je pas bien si ce n'était point
un recueil de plusieurs événemens
amoureux, tirés de l'histoire ou de
la fable vulgaire, semblable à celui

que Parthénius fit depuis sous Auguste, et qui s'est conservé jusqu'à
nous. Ce qui me donne ce soupçon,
est une historiette qu'Athénée rapporte de lui, où sont racontées quelques marques d'estime et de passion
que donna Gygés, roi de Lydie, à
une courtisanne qu'il aimait.

Antonius Diogenés vécut peu de
tems aprés Alexandre, selon la con-
jecture de Photius, et à l'imitation de l'Odyssée d'Homere, et des
voyages aventureux d'Ulisse, fit un
véritable Roman des voyages et des
amours de Dinas et de Dercyllis. Ce
Roman bien que défectueux en plusieurs choses, et rempli de fadaises,
et de récits peu vraisemblables, et
à peine excusables même dans un
poëte, se peut néanmoins appeller

réguli er. Photius en a mis un extrait
dans sa bibliotheque, et dit qu'il le
croit la source de ce que Lucien, Lucius, Iamblique, Achillés Tatius,
Héliodore et Damascius, ont écrit
en ce genre. Cependant il ajoute au
même lieu, qu'Antonius Diogenés
fait mention d'un certain Antiphanés
plus ancien que lui, qu'il dit avoir
écrit des histoires prodigieuses, semblables aux siennes : de sorte qu'il
peut aussi bien avoir fourni l'idée et
la matiere à ces Romanciers qu'il
nomme, qu'Antonius Diogenés. Je
crois qu'il entend parler d'Antiphanés, poëte comique, que le géogra-
phe Stephanus et d'autres, disent
avoir fait un livre de relations incroyables, et même badines. Il était
de Bergé, ville de Thrace, mais on

ne sait point de quel pays était Antonius Diogenés.

Je ne puis vous dire précisément
en quel tems a vécu Aristide de Milet
dont je vous ai parlé. Ce qu'il y a
d'assuré, c'est qu'il a vécu devant les
guerres de Marius et de Sylla : car
Sisenna, historien romain, qui
était de ce tems-là, a traduit ses fables milésiennes. Cet ouvrage était
plein de beaucoup d'obscénités, et fit
pourtant depuis les délices des romains. De sorte que les surenas, ou
lieutenant-général de l'état des Par-
thes, qui défit l'armée romaine com-
mandée par Crassus ; les ayant trou-
vées dans l'équipage de Roscius, prit
de là occasion d'insulter devant le
sénat de Seleucie, à la molesse des
romains, qui même pendant la guerre

ne pouvaient se priver de semblables divertissemens.

Lucius de Patras, Lucien de Samosate et Iamblique, furent à-peu-près contemporains, et vécurent sous Antonin et Marc-Aurele. Le premier ne doit pas être compté parmi les Romanciers; car il n'avait fait qu'un recueil de métamorphoses, et de changemens magiques d'hommes en bêtes, et de bêtes en hommes, y allant à la bonne foi, et croyant les choses comme il les disait. Mais Lucien plus fin que lui, en a rapporté une partie pour s'en mocquer, selon sa coutume, dans le livre qu'il a intitulé l'âne de Lucius, pour marquer que cette fiction était prise de lui. En effet, c'est un abrégé des deux premiers livres des métamorphoses de

Lucius, et cet échantillon nous fait
voir que Photius a eu raison de se
plaindre des saletés dont il était rempli. Cet âne si ingénieux et si bien
dressé, dont ces auteurs ont écrit
l'histoire, a quelque rapport avec un
autre de pareil mérite, dont parle
ailleurs le même Photius après Damascius. Il dit qu'il appartenait à un
grammairien nommé Ammonius, et
qu'il était doué d'un si gentil esprit,
et tellement né pour les belles choses, qu'il quittait le boire et le man-
ger pour entendre réciter des vers,
et se montrait fort sensible aux beautés de la poësie. Le Brancaleoné est
sans doute une copie de l'âne de Lucien, ou de celui d'Apulée. C'est
une fiction Italienne fort divertis-
sante et pleine d'esprit. Lucien, outre

son Lucius, a fait deux livres d'histoires grotesques et ridicules, et
qu'il donne pour telles, protestant
d'abord qu'elles ne sont jamais arri-
vées, et n'ont pu arriver. Quelques-uns
voyant ces livres joints à celui dans
lequel il donne des préceptes pour
bien écrire l'histoire, se sont persuadés qu'il avait voulu donner un exemple de ce qu'il avait enseigné. Mais il
déclare, dès l'entrée de son ouvrage,
qu'il n'avait point d'autre dessein que
de se mocquer de tant de poëtes,
d'historiens, et même de philosophes, qui débitaient impunément
des fables pour des vérités, et écrivaient de fausses relations des pays
étrangers, comme avaient fait Cré-
sias et Iambulus. S'il est donc vrai,
comme l'assure Photius, que le Ro-

man d'Antonius Diogenés a été la
source de ces deux livres de Lucien ;
il faut entendre que Lucien a pris
occasion de ce Roman, aussi bien
que des histoires fabuleuses de Cré-
sias et d'Iambulus, d'écrire les siennes, pour en faire voir l'impertinence
et la vanité.

Ce fut dans ce même tems qu'Iamblique mit au jour ses babyloniques.
C'est ainsi qu'il a intitulé son Roman, dans lequel il a surpassé de
bien loin ceux qui l'avaient précédé :
car si l'on en peut juger par l'abrégé
que nous en a laissé Photius, son
dessein ne comprend qu'une action
revêtue d'ornemens convenables, et
accompagnée d'Episodes pris dans la
matiere même. La vraisemblance y est
observée avec assez d'exactitude, et

les aventures y sont mêlées avec
beaucoup de variété et sans confu-
sion. Toutefois l'ordonnance de son
dessein manque d'art. Il a suivi grossierement l'ordre des tems, et n'a
pas jeté d'abord le lecteur, comme il
le pouvait, dans le milieu du sujet,
suivant l'exemple qu'Homere en a
laissé dans son Odyssée. Le tems a
respecté cet ouvrage, et on l'a vu
dans la bibliotheque de l'Escurial.

Héliodore l'a surpassé dans la disposition du sujet, comme en tout le
reste. Jusqu'alors on n'avait rien vu
de mieux entendu, ni de plus ache-
vé dans l'art Romanesque, que les
aventures de Théagene et de Cariclée.
Rien n'est plus chaste que leurs
amours; en quoi il paraît qu'outre
la religion chrétienne dont l'auteur

faisait profession, sa propre vertu
lui avait donné cet air d'honnêteté
qui éclate dans tout l'ouvrage : et
en cela, non-seulement Iamblique,
mais même presque tous les autres
qui nous sont restés, lui sont beaucoup inférieurs. Aussi son mérite
l'éleva-t-il à la dignité de l'épiscopat.
Il fut évêque de Tricca, ville de
Thessalie, et Socrate rapporte qu'il
introduisit dans cette province, la
coutume de déposer les ecclésias-
tiques qui ne s'abstenaient pas des
femmes qu'ils avaient épousées avant
leur entrée dans le clergé. Tout cela
me rend fort suspect, ce qu'ajoute
Nicephore, écrivain crédule, peu
judicieux, et peu fidèle, qu'un si-
node provincial voyant le péril où
la lecture de ce Roman, qui était

autorisé par la dignité de son auteur,
faisait tomber les jeunes gens, et lui
ayant proposé cette alternative, ou de
consentir que son ouvrage fut brûlé,
ou de se défaire de son évêché, il
accepta le dernier parti. Je ne puis,
au reste, assez m'étonner, qu'un savant homme de ce tems, ait pu douter
que ce livre fut d'Héliodore, évêque
de Tricca, après le témoignage si évi-
dent de Socrate, de Photius, et de
Nicéphore. Quelques-uns ont cru
qu'il a vécu sur la fin du deuxieme
siecle, le confondant avec Héliodore
Arabe, dont Philostrate a écrit la vie
parmi celles des autres Sophistes.
Mais on sait qu'il a été contemporain d'Arcadius et d'Honorius. Aussi
voyons-nous que dans le dénombrement que Photius a fait des romanciers

qu'il croit avoir imité Antonius Diogenés, où il les a nommés selon l'ordre des tems, il a mis Héliodore
après Iamblique, et devant Damascius qui vécut du tems de l'empereur
Justinien.

A ce compte Achillés Tatius qui a
fait un Roman régulier des amours
de Clitophon et de Leucippe, l'aurait précédé ; car c'est le seul fondement que je trouve pour conjec-
turer son âge. D'autres le jugent plus
récent par le style. Quoi qu'il en
soit, il n'est pas comparable à Héliodore ni en l'honnêteté des mœurs,
ni en la variété des événemens, ni
en l'artifice des dénouemens. Son
style, à mon gré, est préférable à
celui d'Héliodore : il est plus simple
et plus naturel, l'autre est plus forcé.

On dit qu'il fut enfin chrétien, et même évêque. Je m'étonne qu'on put si aisément oublier l'obscénité de son livre, et bien plus encore que l'empereur Léon, surnommé le philosophe, en ait loué la modestie par une épigramme qui nous est demeurée, et ait permis, et même conseillé de le lire d'un bout à l'autre à ceux qui font profession d'aimer la chasteté.

Je mets ici peut-être avec trop de hardiesse cet Athénagoras, sous le nom duquel on voit un Roman intitulé : *Du Vrai et parfait Amour.* Ce livre n'a jamais paru qu'en français, de la traduction de Fumée, qui dit dans sa préface qu'il a eu l'original grec de monsieur de Lamané, protonotaire de monsieur le cardi-

nal d'Armanac , et qu'il ne l'avait jamais vu ailleurs. J'oserais quasi ajouter que personne ne l'a jamais vu
depuis : car son nom n'a jamais paru,
que je sache, dans les listes des bibliotheques : et s'il subsiste encore , il faut
qu'il soit caché dans la poussiere du
cabinet de quelque ignorant, qui
possede ce trésor sans le savoir, ou
de quelque envieux, qui en peut
faire part au public sans le vouloir.
Le traducteur dit ensuite , qu'il le
croit une production de ce célebre
Athénagoras, qui a écrit une apologie pour la religion chrétienne en
forme de légation , adressée aux
empereurs Marc-Aurele et Com-
mode, et un traité de la résurrec-
tion. Il se fonde principalement sur
le style qu'il trouve conforme à celui
de

de ces ouvrages, et dont il a pu juger, ayant les originaux en son pouvoir. Et il le prend enfin pour une
véritable histoire, faute d'intelligence
en l'art des Romans. Pour moi, quoi
que je n'en puisse parler avec assu-
rance, n'ayant pas vu l'exemplaire
grec; néanmoins sur la lecture que
j'ai faite de la traduction, je ne lais-
serai pas de vous dire, que ce n'est
pas sans apparence qu'il l'attribue à
Athénagoras, auteur de l'apologie.
Voici mes raisons. L'apologiste était
chrétien: celui-ci parle de la divinité
d'une maniere qui ne peut convenir
qu'à un chrétien; comme quand il
fait dire aux prêtres d'Hammon qu'il
n'y a qu'un Dieu, dont chaque nation voulant représenter l'essence aux
simples, a inventé diverses images,

4

qui n'expriment qu'une même chose ;
que leur véritable signification s'é-
tant perdue avec le tems, le vulgaire
avait cru qu'il y avait autant de dieux
qu'on en voyait d'images ; que de là
est venue l'idolâtrie ; que Bacchus,
en bâtissant le temple d'Hammon,
n'y mit point d'autre image que celle
de Dieu ; parce que comme il n'y a
qu'un ciel qui n'enferme qu'un monde, il n'y a aussi dans ce monde
qu'un Dieu qui se communique en
esprit. Il en fait dire autant et davantage, à de certains marchands
Egyptiens : savoir, que les dieux de
la Fable marquent les différentes actions de cette souveraine et unique
divinité, qui est sans commencement
et sans fin, et qu'il appelle obscure
et ténébreuse ; parce qu'elle est invi-

sible et incompréhensible. De plus ,
les raisonnemens que font ces prêtres , et ces marchands sur l'essence
divine , sont assez semblables à ceux
d'Athénagoras dans sa légation. Cet
apologiste était un prêtre d'Athénes ,
celui-ci était un philosophe d'Athènes. L'un et l'autre paraissent hommes
de bon sens et d'érudition , et savans
dans l'antiquité. Mais d'un autre
côté , plusieurs choses peuvent faire
soupçonner , non - seulement qu'il
n'est pas l'Athénagoras chrétien ,
mais même que cet ouvrage est supposé. Photius ayant parlé avec assez
d'exactitude des faiseurs de Romans
qui l'ont précédé , ne dit rien de
celui-ci : on n'en voit aucun exemplaire dans les bibliotheques , et celui même dont s'est servi le traduc-

teur, n'a point paru depuis. D'ailleurs, il représente la demeure, la
vie, et la conduite. des prêtres et des
religieuses d'Hammon, si semblables
aux couvents et au gouvernement de
nos moines et de nos religieuses,
qu'elle s'accorde mal avec ce que
l'histoire nous apprend du tems où
la vie monastique a pris naissance,
et où elle s'est perfectionnée. Ce
qui me paraît donc de plus vraisemblable dans cette obscurité, c'est
que l'ouvrage est ancien, mais plus
nouveau que l'apologie : car j'y vois
un savoir si profond dans les choses
de la nature et de l'art, tant de connaissances des siecles passés, tant de
remarques curieuses qui n'ont point
été prises des anciens auteurs qui
nous restent, mais qui s'y rapportent

et les éclaircissent, tant d'expressions
grecques que l'on apperçoit au travers de la traduction, et par-dessus
tout, un certain caractere d'antiquité
qu'on ne peut contrefaire, que je ne
puis me persuader que ce soit une
production de Fumée, dont la doc-
trine était médiocre, ni même que
les plus habiles de son tems eussent
pu rien faire de semblable. Si Photius n'a rien dit de lui, combien
d'autres grands et célebres auteurs
ont-ils échappé à sa connaissance,
ou à sa diligence? Et si dans nos
jours il ne s'en est trouvé qu'un seul
exemplaire qui peut-être s'est perdu
depuis, combien d'autres excellens
ouvrages ont-ils eu la même desti-
née? Si cela ne vous satisfait pas, et
que vous vouliez m'obliger à pousser

plus loin mes conjectures, pour es-
sayer de trouver précisément le tems
auquel il a vécu, je ne puis les ap-
puyer que sur un passage de la préface de ce Roman, où il se plaint de
la plaie sanglante qu'Athènes sa patrie venait de recevoir dans la déso-
lation universelle de la Grèce. Cela
ne se peut entendre que de l'irruption
des Scythes dans la Grèce, arrivée
sous l'empire de Gallien, ou de celle
d'Alaric, roi des Goths, arrivée du
tems d'Arcadius et d'Honorius : car
Athènes n'avait point été saccagée
depuis Sylla ; c'est-à-dire, environ
trois cents cinquante ans devant l'in-
vasion des Scythes, et ne le fut point
qu'environ sept cents ans après celle
des Goths. Or, je vois plus de raison
d'appliquer les paroles de l'auteur à

la conquête d'Alaric, qu'à celle des Scythes, parce que les Scythes furent promptement chassés d'Athènes, sans y avoir fait beaucoup de désordre, et les Goths la traiterent plus mal, et y laisserent de tristes marques de leur barbarie. Synese, qui vécut de ce tems-là, en parle aux mêmes termes que notre auteur, et regrette comme lui la ruine des lettres, causée par ces barbares dans le lieu de leur naissance, et le siege de leur empire. Quoi qu'il en soit, l'ouvrage d'Athénagoras est inventé avec esprit, conduit avec art, sententieux, plein de beaux préceptes de morale : les événemens sont vraisemblables, les épisodes tirés du sujet, les caracteres distingués, l'honnêteté par-tout observée ; rien de bas, rien de forcé,

ni de semblable à ce style puérile
des sophistes. L'argument est double ;
ce qui faisait une des grandes beautés
de la comédie ancienne ; car outre
les aventures de Théogène et de Charide, il rapporte encore celles de
Phérécyde et de Mélangénie. En
quoi paraît l'erreur de Giraldi, qui
a cru que la multiplicité d'actions
était de l'invention des italiens. Les
grecs et nos vieux français les avaient
multipliés devant eux. Les grecs les
avaient multipliées avec dépendance
et subordination à une action principale suivant les regles du poëme
héroïque, comme l'a pratiqué Athénagoras, et même Héliodore, quoi
que moins nettement. Mais nos vieux
français les avaient multipliés sans
ordonnance, sans liaison et sans art.

Ce sont eux que les italiens ont imi-
tés : en prenant d'eux les Romans,
ils en ont pris les défauts. Et c'est
une autre erreur de Giraldi, pire que
la précédente, de vouloir louer ce
défaut, et en faire une vertu. S'il est
vrai, comme il le reconnaît lui-
même, que le Roman doit ressembler
à un corps parfait, et être composé
de plusieurs parties différentes et pro-
portionnées sous un seul chef ; il s'ensuit que l'action principale, qui est
comme le chef du Roman, doit être
unique et illustre en comparaison des
autres ; et que les actions subordon-
nées, qui sont comme les membres,
doivent se rapporter à ce chef, lui
céder en beauté et en dignité, l'or-
ner, le soutenir et l'accompagner
avec dépendance : autrement ce sera

un corps à plusieurs têtes, mons-
trueux et difforme. L'exemple d'O-
vide qu'il allegue en sa faveur, et
celui des autres poëtes Cycliques,
qu'il pouvait aussi alléguer, ne le
justifient pas; car les métamorphoses
de l'ancienne fable qu'Ovide s'était
proposé de ramasser en un seul
poëme, et celles qui composent les
poëmes Cycliques, étant toutes des
actions détachées, à-peu-près semblables et d'une beauté presque égale,
il était autant impossible d'en faire
un corps régulier, que de faire un
bâtiment parfait avec du sable seulement. L'applaudissement qu'ont eu
ces Romans défectueux de sa nation,
et qu'il fait tant valoir, le justifie encore moins. Il ne faut pas juger d'un
livre par le nombre, mais par la

suffisance de ses approbateurs. Tout le monde s'attribue la licence de juger de la poësie et des romans ; tous les pilliers de la grand'salle du Palais ; et toutes les ruelles s'érigent en tribunaux, où l'on décide souverainement du mérite des grands ouvrages. On y met hardiment le prix à un poëme épique, sur la lecture d'une comparaison ou d'une description ; et un vers un peu rude à l'oreille, tel que le lieu et la matiere le demandent quelquefois , l'y pourra perdre de réputation. Un sentiment tendre y fait la fortune d'un Roman ; et une expression un peu forcée, ou un mot suranné le décrie. Mais ceux qui les composent, ne se soumettent pas à ces décisions : et semblable à cette comédienne d'Horace, qui étant

chassée du théâtre par le peuple, se
contenta de l'approbation des chevaliers, ils se contentent de plaire à
de plus fins connaisseurs, qui ont
d'autres regles pour en juger : et ces
regles sont connues de si peu de
gens , que les bons juges, comme
nous l'avons dit si souvent, ne sont
pas moins rares que les bons Romanciers ou les bons poëtes, et que dans
le petit nombre de ceux qui se connaissent en vers, à peine en trouvera-
t-on un qui se connaisse en poësie ;
ou qui sache même que les vers et
la poësie sont choses tout-à-fait différentes. Ces juges dont le sentiment
est la regle certaine de la valeur des
poëmes et des romans, avoueront à
Girardi que les romans italiens ont
de très ÷ belles choses et méritent

beaucoup d'autres louanges , mais
non pas celle de la régularité , de
l'ordonnance ni de la justesse du
dessein. Je reviens au roman d'Athénagoras, dont le dénoûment , quoi
que sans machine, est moins heureux
que le reste : il n'est pas assez pi-
quant , il se présente avant que la
passion et l'impatience du lecteur
soient assez échauffées , et il se fait
à trop de reprises. Mais son plus
grand défaut , c'est l'ostentation im-
portune avec laquelle il étale son
savoir dans l'architecture. Ce qu'il
en a écrit , serait admirable ailleurs ,
mais il est vicieux là où il l'a mis ,
et hors de sa place : *Ne dee anco le*
il poëta, dit Giraldi , *nel descrivere*
le fabriche , volersi mostrare in
guisa architettore , che descrivendo

troppo minutamente le cose à tale
arte appertinenti, lasci quello che
conviene al poeta; alla quale cosa
egli dee sovra ogni cosa mirare, se
cerca loda: oltre che queste descrit-
tioni di cose mechaniche recano
con loro viltà, et sono lontane, et
dall'uso, et dal grande dell' Heroico.
Il a pris plusieurs choses d'Héliodore,
ou Héliodore de lui : car comme je
les crois du même âge, je ne sai
auquel je dois donner la gloire de
l'invention. Les noms et les caracteres de Théogène et de Charide
ressemblent à ceux de Théagène et
de Chariclée : Théogène et Charide
se virent et s'aimerent en une fête
de Minerve, comme Théagène et
Chariclée en une fête d'Appollon :
Athénagoras fait un Harondat, gou-

verneur de la basse Egypte ; Héliodore fait un Oroondate, gouverneur
d'Egypte : Athénagoras feint que
Théogène est prêt d'être sacrifié par
les Scythes ; Héliodore feint que
Théogène est prêt d'être sacrifié par
les Ethiopiens : et Athénagoras enfin,
comme Héliodore, a divisé son ouvrage en dix livres.

Je ne mettrai pas au nombre des
romans les livres des paradoxes de
Damascius, philosophe payen, qui
vécut sous Justinien, lors que Photius dit qu'il a imité Antonius Dio-
génés, le modele de la plupart des
romanciers grecs, il faut entendre
qu'il a écrit comme lui des histoires
peu croyables et fabuleuses, mais
non pas romanesques, ni en forme
de roman. Ce n'étaient qu'appari-

tions de spectres et de lutins, et
qu'événemens au-dessus de la nature,
ou crus trop légérement, ou imaginés avec peu d'adresse, et dignes de
l'impiété et de l'athéïsme de leur
auteur.

Deux ans après Damascius, l'histoire de Barlaam et de Josaphat fut
composée par Saint-Jean Damascène.
Plusieurs manuscrits anciens l'attribuent à Jean le Sinaire, qui vécut
du tems de l'empereur Théodose :
mais Billius fait voir que c'est sans
raison, parce que les disputes contre
les Iconoclastes, qui sont insérées
dans cet ouvrage, n'avaient point
encore été émues alors, et ne l'ont
été que long-tems après, par l'empereur Léon Isaurique, sous lequel
vécut Saint-Jean Damascène. C'est
un

un Roman, mais spirituel : il traite
de l'amour, mais c'est de l'amour de
Dieu : et l'on y voit beaucoup de sang
répandu, mais c'est du sang des mar-
tyrs. Il est écrit en forme d'histoire,
et non pas dans les regles du Roman. Et cependant quoi que la vraisemblance y soit assez exactement observée, il porte tant de marques de
fiction, qu'il ne faut que le lire avec
un peu de discernement pour le re-
connaître. L'on y découvre au reste
l'esprit fabuleux de la nation de
l'auteur, par le grand nombre de
paraboles, de comparaisons et de similitudes qui y sont répandues.

Le Roman de Théodorus Prodromus, et celui qu'on attribue à Eustathius, évêque de Thessalonique, qui
fleurissait sous l'empire de Manuel

5

Comnene , vers le milieu du douzieme siecle , sont environ de même
force. Le premier contient les amours
de Dosiclès et de Rodanthe , et l'autre
celles d'Isménias et d'Ismene. Monsieur Gaulmin a donné l'un et l'autre
au public , avec sa traduction et ses
notes. Comme il ne dit rien d'Eustathius dans la préface du livre qui
porte son nom , je veux expliquer son
silence en sa faveur, et croire qu'habile comme il était , il n'est pas tom-
bé dans l'erreur de ceux qui se persuadent que ce savant commentateur
d'Homere a été capable de faire un
aussi misérable ouvrage qu'est celui-
ci. Aussi quelques manuscrits nom-
ment-ils l'auteur Eumathius, et non
pas Eustathius. Quoi qu'il en soit ,
rien n'est plus froid, rien n'est plus

plat, rien n'est plus ennuyeux : nulle
bienséance , nulle vraisemblance ;
nulle conduite : c'est le travail d'un
écolier, ou de quelque chétif sophiste, qui méritait d'être écolier toute
sa vie. Théodorus Prodromus ne lui
est guère préférable : il a pourtant un
peu plus d'art, quoiqu'il en ait peu :
il ne se tire d'affaire que par des machines, et il n'entend rien à faire
garder à ses acteurs la bienséance ,
et l'uniformité de leurs caracteres.
Son ouvrage est plutôt un poëme
qu'un roman, car il est écrit en vers,
et cela lui rend plus pardonnable son
style trop figuré et trop licentieux.
Néanmoins comme ces vers sont
Iambes, qui ressemblent à la prose ,
et qu'on pourrait les appeller une
prose mesurée, je ne l'exclus point

de cette liste. On dit qu'il était russe
de nation, prêtre, poëte, philosophe
et médecin.

Je fais à-peu-près le même jugement des pastorales du sophiste Longus, que des deux romans précédens : car encore que la plupart des
savans des derniers siecles les aient
loués pour leur élégance et leur agrément, joint à la simplicité conve-
nable au sujet ; néanmoins je n'y
trouve rien de tout cela que la simplicité, qui va quelquefois jusqu'à la
puérilité, et à la niaiserie. Il n'y a ni
invention, ni conduite. Il commence
grossiérement à la naissance de ses
bergers, et finit à leur mariage. Il ne
débrouille jamais ses aventures que
par des machines mal concertées ; si
obscene, au reste, qu'il faut être un

peu cynique pour le lire sans rougir.
Son style, qui a été tant vanté, est
peut-être ce qui mérite moins de
l'être : c'est un style de sophiste, tel
qu'il était, semblable à celui d'Eustathius et de Théodorus Prodromus,
qui tient de l'orateur et de l'historien, et qui n'est propre ni à l'un ni
à l'autre, plein de métaphores, d'an-
tithèses, et de ces figures brillantes
qui surprennent les simples, et qui
flattent l'oreille sans remplir l'esprit.
Au lieu d'attacher le lecteur par la
nouveauté des événemens, par l'ar-
rangement et la variété des matières,
et par une narration nette et pres-
sée, qui ait pourtant son tour et
sa cadence, et qui avance toujours
dans son sujet, il essaie, comme la
plupart des autres sophistes, de le

retenir par des descriptions hors d'œu-
vre , il l'écarte hors du grand chemin , et pendant qu'il lui fait voir
tant de pays qu'il ne cherche point ,
il consume et use son attention , et
l'impatience qu'il avait d'aller à la
fin qu'il cherchait et qu'on lui avait
proposée. J'ai traduit avec plaisir ce
roman dans mon enfance : aussi est-
ce le seul âge où il doit plaire. Je
ne vous dirai point en quel tems il
a vécu : aucun des anciens ne parle de
lui , et il ne porte aucune marque qui
donne lieu aux conjectures , si ce n'est
peut-être la pureté de son élocution ,
qui me le fait juger plus ancien que
les deux précédens.

Pour les trois Xénophons romanciers , dont parle Suidas , je ne vous
en puis rien dire que ce qu'il en dit.

L'un était d'Antioche, l'autre d'E¡
phese, et le troisieme de Chypre.
Tous trois ont écrit des histoires
amoureuses. Le premier avait donné
à son livre le nom de Babyloniques
comme Iamblique : le second avait
intitulé le sien , les Ephésiaques , et
rapportait les amours d'Habrocomas
et d'Anthie ; et le troisieme avait nommé le sien , les Cypriaques , où il racontait les amours de Cinyras , de
Myrrha et d'Adonis.

Je ne crois pas devoir oublier Parthénius de Nicée , de qui nous avons
un recueil d'histoires amoureuses ,
qu'il dédia au poëte Cornelius Gal-
lus ; du tems d'Auguste. Plusieurs
de ces histoires sont tirées de l'ancienne fable, et toutes d'anciens auteurs qu'il cite. Quelques-unes me

semblent romanesques, et avoir été prises des fables Milésiennes, comme celle d'Erippe et de Xantus, au chapitre huitieme ; celle de Poly-crite , et de Diognete, au chapitre neuvieme ; celle de Leucone et de Cyanique, au chapitre dixieme ; et celle de Neæra ; d'Hypsicréon, et de Promédon au chapitre dix-huitieme : car outre que ces aventures sont at-tribuées à des personnes Milésien-nes, il ne paraît point qu'elles aient été prises de la fable ni de l'histoire ancienne. Peut-être même que les amours de Caunus et de Biblis, en-fans du fondateur de Milet, qu'il rap-porte au chapitre onzieme, sont une fiction du pays, qui s'est rendue cé-lebre, et a été consacrée dans la my-thologie antique. Ce que je ne pro-

pose toutefois que comme une con-
jecture assez légere.

Dans ce dénombrement que je
viens de faire, j'ai distingué les romans réguliers de ceux qui ne le sont
pas. J'appelle réguliers, ceux qui sont
dans les regles du poëme héroïque.
Les grecs, qui ont si heureusement
perfectionné la plupart des sciences
et des arts, qu'on les en a cru les
inventeurs, ont aussi cultivé l'art romanesque, et de brute et inculte
qu'il était parmi les orientaux, ils
lui ont fait prendre une meilleure
forme en le resserrant dans les regles de l'Epopée, et joignant en un
corps parfait les diverses parties sans
ordre et sans rapport qui composaient
les romans avant eux. De tous les
romanciers grecs que je vous ai

nommés, les seuls qui se soient assu-
jétis à ces regles sont Antonius Dio-
génés, Lucien, Athénagoras, Iamblique, Héliodore, Achillés Tatius,
Eustathius et Théodorus Prodromus.
Je ne dis rien de Lucius de Patras, ni
de Damascius, que je n'ai pas mis au
rang des faiseurs de romans. Pour
Saint-Jean Damascéne et Longus, il
leur eût été aisé de réduire leurs
ouvrages sous ces lois ; mais il les
ont, ou ignorées, ou méprisées. Je
ne sai comment s'y sont pris les
trois Xénophons, dont il ne nous est
rien demeuré, ni même Aristide, et
ceux qui comme lui ont écrit des fables Milésiennes. Je crois toutefois
que ces derniers ont gardé quelques
mesures, et j'en juge par les ouvrages
faits à leur imitation, que le tems

nous a conservés, comme la métamorphose d'Apulée , qui est assez
réguliere.

Ces fables Milésiennes , bien long-
tems devant que de faire dans la
Grèce le progrès que vous avez vu ,
avaient déjà passé dans l'Italie , et
avaient été premiérement reçues par
les Sybarites , peuple volupteux au
delà de tout ce qu'on peut imaginer.
Cette conformité d'humeur qu'ils
avaient avec les Milésiens , établit
entr'eux une communication réci-
proque de luxe et de plaisir , et les
unit si bien , qu'Hérodote assure qu'il
ne connaissait point de peuples plus
étroitement alliés. Ils apprirent donc
des Milésiens l'art des fictions , et
l'on vit des fables Sybaritiques en
Italie , comme l'on voyait des fables

Milésiennes en Asie. Il est mal aisé
de dire quelle en était la forme.
Hésychius donne à entendre dans un
passage assez corrompu, qu'Esope
étant en Italie, ses fables y furent
fort goûtées ; qu'on renchérit par-
dessus, qu'on les nomma Sybaritiques après les avoir changées, et
qu'elles passerent en proverbes: mais
il ne dit point en quoi consistait ce
changement. Suidas a cru qu'elles
étaient semblables à celles d'Esope.
Il s'est trompé là, comme souvent
ailleurs. Le vieux commentateur d'A-
ristophane, dit que les Sybarites se
servaient des bêtes dans leurs fables,
et qu'Esope se servait des hommes
dans les siennes. Ce passage est assu-
rément gâté : car comme on voit que
les fables d'Esope employent des bê-

tes, il s'ensuit que celles des Sybarites employaient des hommes. Aussi
en un autre endroit le dit-il en termes
exprès. Celles des Sybarites étaient
plaisantes et faisaient rire. J'en ai
trouvé un échantillon dans Elien :
c'est un petit conte qu'il dit avoir pris
des histoires des Sybarites, c'est-à-
dire selon mon sens, des fables Sybaritiques. Vous en jugerez par l'historiette même. Un enfant de Sybaris,
conduit par son pédagogue, rencon-
tra par la rue un vendeur de figues
seches, et lui en déroba une ; le pédagogue l'aiant repris aigrement, lui
arracha la figue et la mangea. Mais
ces fables n'étaient pas seulement
facétieuses, elles étaient aussi fort
lascives. Ovide met la Sybaritide qui
avait été composée peu de tems de-

vant lui, au nombre des pieces les
plus dissolues. Plusieurs savans croient
qu'il désigne l'ouvrage d'Hémithéon le
Sybarite, dont Lucien parle comme
d'un amas de saletés. Cela me paraît sans fondement, car on ne voit
point que la Sybaritide eût d'autre
convenance avec le livre d'Hémithéon, qu'en ce que l'un et l'autre
étaient des livres de débauches; et
cela était commun à toutes les fables Sybaritiques. Outre que la Sybaritide avait été faite peu de tems
devant Ovide; et la ville de Sybaris
avait été ruinée de fond en comble
par les Crotoniates, cinq cents ans
devant lui. Il est donc plus croyable
que la Sybaritide avait été composée par quelque Romain, et ainsi
nommée, parce qu'elle avait été faite

à l'imitation des anciennes fables
Sybaritiques. Un certain vieux auteur, que je crois qu'il vous est assez
indifférent de connaître, fait entendre que leur style était court et laco-
nique. Mais tout cela ne nous fait
point voir que ces fables eussent rien
de romanesque.

Ce passage d'Ovide montre assez
que de son tems les Romains avaient
déjà donné entrée chez eux aux fables
des Sybarites, et il nous apprend
dans le même livre, que le célèbre
historien Sisenna leur traduisit aussi
les fables milésiennes d'Aristide. Ce
Sisenna vécut du tems de Sylla, et
était comme lui de la grande et illustre famille des Cornéliens. Il fut
préteur de Sicile et d'Achaïe. Il écrivit l'histoire de sa patrie, et fut pré-

féré à tous les historiens de sa nation
qui l'avaient précédé.

Si la république Romaine ne dédaigna pas la lecture de ces fables,
lorsqu'elle retenait encore une disci-
pline austere, et des mœurs rigides,
il ne faut pas s'étonner si étant tombée sous le pouvoir des empereurs, et
à leur exemple s'étant abandonnée au
luxe et aux plaisirs, elle fût sensible à
ceux que les romans donnent à l'esprit. Virgile, qui vécut un peu après
la naissance de l'empire, ne fait point
prendre de plus agréable divertissement aux Naïades, filles du fleuve
Pénée, lorsqu'elles sont assemblées
sous les eaux de leur pere, que de
se raconter les amours des dieux, qui
faisaient les romans de l'antiquité.
Ovide, contemporain de Virgile, fait
faire

faire des contes romanesques aux
filles de Minée, pendant que le travail de leurs mains les occupe, sans
leur ôter la liberté de la langue et
de l'esprit. Le premier sont les amours
de Pyrame et de Thysbé ; le second
sont celles de Mars et de Vénus ; et
le troisieme, sont celles de Salmacis
pour hermaphrodite.

En cela, paraît l'estime que Rome
avait alors pour les romans. Mais
elle paraît encore mieux par le roman même que composa Pétrone,
l'un de ses consuls, et l'homme le
plus poli de son tems. Il le fit en
forme de satyre, du genre de celles
que Varron avait inventées, en mêlant agréablement la prose avec les
vers, et le sérieux avec l'enjoué,
et qu'il avait nommées Ménippées,

6

parce que Ménippe le cinique avait traité devant lui des matieres graves d'un style plaisant et mocqueur. Cette satyre de Pétrone ne laissait pas d'être un véritable roman : elle ne contenait que des fictions ingénieuses et agréables, et souvent fort sales et déshonnêtes, cachant sous l'écorce une raillerie fine et piquante contre les vices de la cour de Néron. Comme ce qui nous en reste ne sont que des fragmens presque sans liaison, ou plutôt des collections de quelques studieux, on ne peut pas discerner nettement la forme et le tissu de toute la piece. Néanmoins cela paraît conduit avec ordre, et il y apparence que ces parties détachées composaient un corps parfait avec celles qui nous manquent. Quoique Pétrone

paraisse avoir été un grand critique,
et d'un goût fort exquis dans les
lettres, son style toutefois ne répond
pas tout-à-fait à la délicatesse de son
jugement : on y remarque quelque
affectation ; il est un peu trop peint
et trop étudié, et il dégénere déjà
de cette simplicité naturelle et ma-
jestueuse de l'heureux siecle d'Auguste, tant il est vrai que l'art de
narrer que tout le monde pratique,
et que très-peu de gens entendent,
est encore plus aisé à entendre qu'à
bien pratiquer.

On dit que le poëte Lucain, qui
vivait aussi du tems de Néron, avait
laissé des fables saltiques ; c'est-à-
dire, selon quelques-uns, des fables
dans lesquelles il racontait les amours
des satyres et des nymphes. Cela

ressemble bien à un roman; et l'esprit de ce siecle, qui était romancier, confirme mon soupçon. Mais comme il ne nous en reste que le titre, qui même n'exprime pas trop clairement la nature de la piece, je n'en dirai rien.

La métamorphose d'Apulée, si connue sous le nom de l'Ane d'Or, fut faite sous les Antonins. Elle eut la même origine que l'Ane de Lucien, ayant été tirée des deux premiers livres des métamorphoses de Lucius de Patras: avec cette différence toutefois, que ces livres furent abrégés par Lucien, et augmentés par Apulée. L'ouvrage de ce philosophe est régulier: car encore qu'il semble le commencer par son enfance, néanmoins ce qu'il en dit n'est que par

Forme de préface , et pour excuser la
barbarie de son style. Le véritable
commencement de son histoire est
à son voyage de Thessalie. Il nous a
donné une idée des fables Milésiennes par cette piece , qu'il déclare
d'abord être de ce genre. Il l'a enri-
chie de beaux épisodes , et entr'autres de celui de Psyché , que personne n'ignore , et il n'a point re-
tranché les saletés qui étaient dans
les originaux qu'il a suivis. Son style
est d'un sophiste , plein d'affectation
et de figures violentes , dur, barbare ,
digne d'un africain.

On tient que Claudius Albinus ,
l'un des prétendans à l'empire , qui
furent vaincus et tués par l'empereur
Sévere , ne dédaigna pas un semblable
travail. Jule Capitolin rapporte dans

sa vie , qu'il paraissait de certaines
fables Milésiennes sous son nom ,
assez estimées , quoique médiocre-
ment écrites , et que Sévere reprocha
au sénat, de l'avoir loué comme un
savant homme, encore qu'il ne lut
que les fables milésiennes d'Apulée ,
et qu'il fit toute son étude de contes
de vieilles , et de pareilles bagatelles,
qu'il préférait à des occupations sé-
rieuses.

Martianus Capella , a donné ,
comme Pétrone, le nom de satyre à
son ouvrage , parce qu'il est écrit
comme le sien en vers et en prose, et
que l'utile et l'agréable y sont mêlés.
Ayant eu dessein de traiter de tous les
arts qu'on appelle libéraux, il a pris
pour cela un détour, les personnifiant,
et feignant que Mercure, qui les a à

sa suite, épouse la philologie ; c'est-à-
dire, l'amour des belles lettres, et lui
donne pour présent de noces ce qu'ils
ont de plus beau et de plus précieux.
De sorte que c'est une allégorie con-
tinuelle, qui ne mérite pas proprement le nom de roman , mais plutôt
de fable : car comme je l'ai déjà remarqué, la fable représente des
choses qui n'ont point été et n'ont
pu être; et le Roman représente des
choses qui ont pu être, mais qui
n'ont point été. L'artifice de cette
allégorie n'est pas fort fin. Le style
est la barbarie même : si hardi et si
immodéré en ses figures , qu'on ne le
pardonnerait pas au poëte le plus dé-
terminé, et couvert d'une obscurité
si épaisse, qu'à peine est-il intelli-
gible : savant au reste, et plein d'une

érudition peu commune. On écrit
que l'auteur était africain. S'il ne l'é-
tait, il méritait de l'être, tant sa maniere d'écrire est dure et forcée. On
ignore le tems auquel il a vécu : on
sait seulement qu'il était plus ancien
que Justinien.

Jusqu'alors l'art des romans s'était
maintenu dans quelque splendeur ,
mais il déclina ensuite avec les lettres
et avec l'empire, lorsque ces nations
farouches du Nord, porterent par-
tout leur ignorance et leur barbarie.
L'on avait fait auparavant des romans
pour le plaisir, on fit alors des histoires fabuleuses, parce qu'on n'en
pouvait faire de véritables, faute de
savoir la vérité. Thélésin, que l'on
dit avoir vécu vers le milieu du si-
xieme siecle, sous le roi Artus, tant

célébré dans les romans, et Melkin
qui fut un peu plus jeune, écrivirent
l'histoire d'Angleterre leur patrie, du
roi Artus, et de la Table-Ronde. Ba-
læus, qui les a mis dans sa liste, en
parle comme d'auteurs remplis de fables. Il faut dire la même chose
d'Humbaldus Francus, qui fut, comme l'on écrit, comtemporain de Clo-
vis, et dont l'histoire n'est presque
qu'un ramas de mensonges grossierement imaginés.

Enfin, monsieur, nous voici à ce
livre fameux des faits de Charlemagne, que l'on attribue fort mal à
propos à l'archevêque Turpin, quoiqu'il lui soit postérieur de plus de
deux cents ans. Le Pigna, et quelques
autres ont cru ridiculement que les
romans ont pris leur nom de la ville

de Rheims dont il était archevêque ;
parce que son livre, au rapport du
premier, a été la source où les romanciers de Provence ont le plus puisé ;
et qu'il a été, selon les autres, le
principal entre les faiseurs de romans.
Quoi qu'il en soit, l'on vit plusieurs
autres histoires de la vie de Charlemagne, pleines de fables à perte de
vue, et semblables à celle qui porte
le nom de Turpin. Telles étaient les
histoires attribués à Honcon, et à Solcon Forteman, à Sivard le Sage, à
Adel Adling, et à Jean, fils d'un roi
de Frise, tous cinq Frisons, et qu'on
dit aussi avoir vécu du tems de Charlemagne. Telle était encore l'histoire
attribuée à Occon, qui, selon l'opinion commune, fut contemporain de
l'empereur Othon-le-Grand, et petit

neveu de ce Solcon que je viens de
nommer; et l'histoire de Gaufred de
Mommout, qui écrivit les faits du roi
Artus, et la vie de Merlin. Ces histoires faites à plaisir, plurent à des lecteurs simples, et plus ignorans encore
que ceux qui les composaient. On ne
s'amusa donc plus à chercher de bons
mémoires, et à s'instruire de la vérité
pour écrire l'histoire : on en trouvait
la matiere dans sa propre tête, et dans
son invention. Ainsi les historiens
dégénérerent en de véritables romanciers. La langue latine fut méprisée
dans ce siecle plein d'ignorance,
comme la vérité l'avait été. Les troubadours, les chanterres, les conteurs,
et les jongleurs de Provence, et enfin
ceux de ce pays qui exerçaient ce
qu'on appellait *la science gaie*, com-

mencerent dès le tems de Hugue-Ca-
pet, à romaniser tout de bon, et à
courir la France, débitant leurs romans et leurs *fabliaux* composés en
langage Romain : car alors les provençaux avaient plus d'usage des lettres et de la poësie, que tout le reste
des français. Ce langage Romain était
celui que les Romains introduisirent
dans les Gaules après les avoir conqui-
ses, et qui s'étant corrompu avec le tems
par le mélange du langage gaulois qui
l'avait précédé, et du franc ou tudes-
que, qui l'avait suivi, n'était ni latin
ni gaulois, ni franc, mais quelque
chose de mixte, où le Romain pourtant tenait le dessus, et qui pour cela
s'appellait toujours roman, pour le
distinguer du langage particulier et
naturel de chaque pays, soit le franc,

soit le gaulois ou celtique, soit l'aqui-
tanique., soit le belgique : car César
écrit que ces trois langues étaient différentes entr'elles : ce que Strabon
explique d'une différence, qui n'était
que comme entre divers dialectes
d'une même langue. Les espagnols se
servent du mot de roman en même signification que nous, et ils appellent
leur langage ordinaire, *romance*. Le
roman étant donc plus universellement entendu, les conteurs de Provence s'en servirent pour écrire leurs
contes, qui de-là furent appellés romans. Les trouverres allant ainsi par
le monde, étaient bien payés de leurs
peines, et bien traités des seigneurs
qu'ils visitaient; dont quelques-uns
étaient si ravis du plaisir de les entendre, qu'ils se dépouillaient quelque-

fois de leurs robes, pour les en revêtir.
Les provençaux ne furent pas les
seuls qui se plurent à cet agréable
exercice : presque toutes les provinces de France eurent leurs romanciers ; jusqu'à la Picardie, où l'on
composait des servantois , pieces
amoureuses, et quelquesfois satyri-
ques. Et de-là nous sont venus tant et
tant de vieux romans , dont une partie
est imprimée, une autre pourrit dans
les bibliotheques, et le reste a été
consumé par la longueur des années.
L'Espagne même qui a été si fertile en
romans , et l'Italie tiennent de nous
l'art de les composer : *Mi par di po-
ter dire che questa sorte di poësia*
(ce sont les paroles de Giraldi par-
lant des romans) *habbia hauuatfa la
prima origine , et il primo suo prin-*

*cipio da Francesi, da i quali ha
forse anco hauuto il nome. Da Francesi poi e passata questa maniera di
poeteggiare a gli Spagnuoli, et ul-
timamente e stata accettata da gli
Italiani.*

Feu monsieur de Saumaise, dont la
mémoire m'est en singuliere vénération, et pour sa grande érudition, et
pour l'amitié qui a été entre nous, à
cru que l'Espagne après avoir appris
des arabes l'art de romaniser, l'avait
enseigné par son exemple à tout le
reste de l'europe. Pour soutenir cette
opinion, il faut dire que Thélésin et
Melkin, l'un et l'autre anglais, et
Hunibaldus Francus, que l'on croit
avoir composé tous trois leurs histoires romanesques vers l'an cinq
cents cinquante, sont plus récens, du

moins de près de deux cents ans, que
l'on ne s'imagine : car la révolte du
comte Julien, et l'entrée des arabes
en Espagne n'arriva que l'an qua-
tre-vingt-onzieme de l'Hégire ; c'est-
à-dire, l'an sept cents douze de notre-
seigneur ; et il fallut quelque-tems
pour donner cours aux romans des
arabes en Espagne, et à ceux que l'on
prétend que les espagnols firent à
leur imitation, dans le reste de l'europe. Je ne voudrais pas défendre l'antiquité de ces auteurs, quoique jeusse
quelque droit de le faire, puisque l'opinion commune et reçue est pour moi.
Il est vrai que les arabes étaient fort
adonnés à la science gaie, comme je
vous l'ai fait voir, je veux dire à la
poësie, aux fables et aux fictions.
Cette science étant demeurée dans sa
grossiereté

récompense. L'Espagne ayant ensuite
reçu le joug des arabes, elle reçut
aussi leurs mœurs, et prit d'eux la
coutume de chanter des vers d'amour
et de célébrer les actions des grands
hommes, à la maniere des Bardes
parmi les gaulois : mais ces chants,
qu'ils nommaient *romancés*, étaient
bien différens de ce qu'on appelle romans. C'étaient des poësies faites pour
être chantées, et par conséquent fort
courtes. On en a ramassé plusieurs,
entre lesquelles il s'en trouve de si
anciennes, qu'à peine peuvent-elles
être entendues : et elles ont quelquefois servi à éclaircir l'histoire d'Espagne, et à remettre les événemens
dans l'ordre de la chronologie. Leurs
romans sont beaucoup plus nouveaux; et les plus vieux sont poste-

rieurs à nos Tristans, et à nos Lance-
lots, de quelques centaines d'années.
Miguel de Cervante, l'un dès plus
beaux esprits que l'Espagne ait produit, en a fait une fine et judicieuse
critique dans son Dom Quixote, et à
peine le curé de la Manche, et maître
Nicolas le Barbier, en trouvent-ils
dans ce grand nombre, six, qui méritent d'être conservés. Le reste est
livré au bras séculier de la servante
pour être mis au feu. Ceux qu'ils jugent,
dignes d'être gardés, sont les quatre
livres d'Amadis de Gaule, qu'ils disent être le premier roman de chevalerie qu'on ait imprimé en Espagne,
le modele et le meilleur de tous les
autres; Palmerin d'Angleterre, que
l'on croit avoir été composé par un
roi de Portugal, et qu'ils trouvent

grossiereté parmi eux, sans avoir reçu la culture des grecs, ils la porterent dans l'Afrique avec leurs armes,
lorsqu'ils la subjuguerent. Elle était
toutefois déjà parmi les africains : car
Aristote, et après lui Priscien, font
mention des fables lybiques : et les
romans d'Apulée et de Martianus Capella africains, dont je vous ai parlé,
montrent quel était l'esprit de ces
peuples. Cela fortifia les arabes vic-
torieux dans leur inclination. Aussi
apprenons-nous de Léon d'Afrique et
de Marmol, que les arabes africains
aiment encore la poësie romanesque
avec passion; qu'ils chantent en vers et
en prose les exploits de leur Buhalul,
comme on a célébré parmi nous,
ceux de Renaud et de Roland; que
leurs morabites font des chansons

7

d'amour; que dans Fez, au jour de la
naissance de Mahomet, les poëtes
font des assemblées et des jeux publics,
et récitent leurs vers devant le peuple
au jugement duquel celui qui a le
mieux réussi, est créé prince des poëtes pour cette année; que les rois de
la maison des Benimerinis, qui ré-
gnaient il y a trois cents ans, et que
nos vieux écrivains appellent de Bel-
lemarine, assemblaient tous les ans à
un certain jour, les plus savans de la
ville de Fez, et leur faisaient un
splendide festin, après quoi les poëtes récitaient des vers en l'honneur de
Mahomet; que le roi donnait au plus
habile une somme d'argent, un che-
val, un esclave, et ses propres habits
dont il était vêtu ce jour-là, et qu'aucun des autres ne s'en retournait sans

nesque s'enrichit peut-être par le
commerce que le voisinage d'Espagne
et les guerres nous donnerent avec
eux; mais non pas que nous leur de-
vions cette inclination, puisqu'elle
nous possédait long - tems devant
qu'elle se soit fait remarquer en Espagne. Je ne puis croire non plus que
nos princes aient pris des rois Arabes
la coutume de se dépouiller en faveur
des Trouverres : je crois plutôt que les
uns et les autres touchés de l'excellence des ouvrages qu'ils entendaient
réciter, cherchaient avec empresse-
ment à satisfaire sur l'heure leur
liberalité, et que ne trouvant rien de
plus présent que leurs habits, ils s'en
servaient au besoin, comme nous li-
sons que quelques Saints s'en sont
servis envers des pauvres; et que ce

qui arrivait souvent en France par hasard, se faisait tous les ans à Fez par
une coutume, qui vraisemblable-
ment y fut aussi d'abord introduite
par le hasard.

Il est assez croyable que les italiens
furent portés à la composition des romans par l'exemple des provençaux, lorsque les papes tinrent leur
siege à Avignon, et même par l'exemple des autres français, lorsque les
normans, et ensuite Charles, comte
d'Anjou, frere de Saint-Louis, prince
vertueux, amateur de la poësie, et
poëte lui-même, firent la guerre en
Italie. Car nos normans se mêlaient
aussi de la science gaie, et l'histoire
rapporte qu'ils chanterent les faits
de Roland, avant que de donner cette
mémorable bataille qui acquit la cou-

digne d'être mis dans un coffret semblable à celui de Darius, où Alexandre enferma les œuvres d'Homere,
Dom Belianis, le Miroir de Chevalerie, Tirante le Blanc, et Kyrie eleï-
son de Montauban (car au bon vieux
tems, on croyait que Kyrie eleï-
son et Paralipomenon, étaient les
noms de quelques Saints) où *les
subtilités de damoiselle Plaisir-de
ma-vie, et les tromperies de la veuve
reposée*, sont fort louées. Mais tout
cela est récent en comparaison de
nos vieux romans, qui vraisemblable-
ment en furent les modeles, comme
la conformité des ouvrages, et le voisinage des nations le persuadent. Il
fait aussi la censure des romans en
vers et des autres poësies qui se trouvent dans la bibliotheque de dom

Quixote : mais cela est hors de notre sujet.

Si l'on m'objecte que comme nous avons pris des arabes l'art de rimer il est incroyable aussi que nous ayons pris d'eux l'art de romaniser, puisque la plupart de nos vieux romans étaient en rime, et que la coutume qu'avaient les seigneurs français de donner leurs habits aux meilleurs Trouverres, et que Marmol dit avoir été pratiquée par les rois de Fez, donne encore lieu à ce soupçon : j'avouerai qu'il n'est pas impossible que les français en prenant la rime des arabes, ayent pris d'eux aussi l'usage de l'appliquer aux romans. Javouerai même que l'amour que nous avions déjà pour les fables a pu s'augmenter, et se fortifier par leur exemple, et que notre art roma-

la nourriture propre et naturelle de
l'esprit humain vient à nous manquer,
nous le nourrissons du mensonge,
qui est l'imitation de la vérité. Et
comme dans l'abondance, pour satisfaire à notre plaisir, nous quittons
souvent le pain et les viandes ordinaires, et nous cherchons des ragoûts:
de même lorsque nos esprits connaissent la vérité, ils en quittent souvent
l'étude et la spéculation, pour se divertir dans l'image de la vérité, qui est
le mensonge: car l'image et l'imitation,
selon Aristote, sont souvent plus
agréables que la vérité même. De sorte
que deux chemins tout-à-fait opposés
qui sont l'ignorance et l'érudition ;
la rudesse et la politesse, menent souvent les hommes à une même fin, qui
est l'étude des fictions, des fables et

des romans. De-là vient que les nations
les plus barbares aiment les inventions romanesques, comme les aiment
les plus polies. Les origines de tous
ces sauvages de l'Amérique, et particulierement celles du Pérou, ne
contiennent que des fables, non plus
que les origines des Goths, qu'ils écrivaient autrefois en leurs anciens caracteres runiques sur de grandes pier-
res, dont j'ai vu quelques restes en
Dannemarck : et s'il nous était demeuré quelque chose de ces ouvrages
que composaient les bardes parmi
les anciens gaulois, pour éterniser la
mémoire de leur nation, je ne doute
pas que nous ne les trouvassions en-
richies de beaucoup de fictions.

Cette inclination aux fables, qui
est commune à tous les hommes, ne

ronne d'Angleterre à Guillaume le
Bâtard. Toute l'Europe était en ce
tems-là couverte des ténèbres d'une
épaisse ignorance, mais la France,
l'Angleterre et l'Allemagne moins
que l'Italie, qui ne produisit alors
qu'un petit nombre d'écrivains, et
presque point de faiseurs de romans.
Ceux de ce pays qui voulaient se faire
distinguer par quelque teinture de
savoir, la venaient prendre dans l'U-
niversité de Paris, qui était la mere
des sciences, et la nourrice des savans
de l'Europe. Saint-Thomas d'Aquin,
Saint-Bonaventure, le poëte Danse,
et Bocace y vinrent étudier; et le président Fauchet montre que le dernier
a pris la plupart de ses nouvelles des
romans français, et que Pétrarque et
les autres poëtes italiens avaient pillé

les plus beaux traits des chansons de
Thibaud, roi de Navarre, de Gaces
Brussez, du Châtelain de Coucy, et
des vieux romanciers français. Ce fut
donc, selon mon avis, dans ce mélange des deux nations, que les italiens apprirent de nous la science des
romans, qu'ils connaissent nous devoir, aussi bien que la science des
rimes.

Ainsi l'Espagne et l'Italie reçurent
de nous un art qui était le fruit de
notre ignorance et de notre grossiereté, et qui avait été le fruit de la
politesse des Perses, des Ioniens, et
des Grecs. En effet, comme dans
la necessité, pour conserver notre
vie, nous nourrissons nos corps
d'herbes et de racines, lorsque la
connaissance de la vérité, qui est

ne sont richesses que dans l'usage ,
et autrement demeurent infructueu-
ses , et ne font point naître le plaisir.
La puissance est exprimée par la pauvreté , qui est stérile et toujours accompagnée d'inquiétude , tant quelle
est séparée des richesses : mais quand
elle s'y joint, le plaisir naît de cette
union. Cela se rencontre justement
dans notre ame. La pauvreté , c'est-à-
dire l'ignorance , lui est naturelle ,
et elle soupire incessamment après la
science, qui est sa richesse , et quand
elle la possede, cette jouissance est
suivie de plaisir. Mais ce plaisir n'est
pas toujours égal , il lui coûte quelquefois du travail et des peines ;
comme quand elle s'applique aux
spéculations difficiles, et aux sciences
cachées , dont la matiere n'est pas

présente à nos sens, et où l'imagination, qui agit avec facilité, a moins
de part que l'entendement, dont les
opérations sont plus laborieuses. Et
parce que naturellement le travail
nous rebute, l'ame ne se porte à ces
connaissances épineuses que dans la
vue du fruit, ou dans l'espérance d'un
plaisir éloigné, ou par nécessité. Mais
les connaissances qui l'attirent et la
flattent davantage, sont celles qu'elle
acquiert sans peine, et ou l'imagination agit presque seule, et sur des
matieres semblables à celles qui
tombent d'ordinaire sous nos sens ;
et particulierement si ces connaissances excitent nos passions, qui sont
les grands mobiles de toutes les actions de notre vie. C'est ce que font
les romans : il ne faut point de con-
tention

leur vient pas par raisonnement, par
imitation, ou par coutume : elle leur
est naturelle : et a son amorce dans
la disposition même de leur esprit et
de leur ame ; car le desir d'apprendre
et de savoir est particulier à l'homme ;
et ne le distingue pas moins des autres
animaux que sa raison. On trouve
même en quelques animaux des étin-
celles d'une raison imparfaite et ébau-
chée, mais l'envie de connaître ne se
remarque que dans l'homme. Cela
vient, selon mon sens, de ce que les
facultés de notre ame étant d'une trop
grande étendue, et d'une capacité
trop vaste pour être remplies par les
objets présens, l'ame cherche dans le
passé et dans l'avenir, dans la vérité
et dans le mensonge, dans les espaces
imaginaires, et dans l'impossible

même, de quoi les occuper et les exercer. Les bêtes trouvent dans les objets qui se présentent à leurs sens de quoi remplir les puissances de leur ame, et ne vont guére au-delà; de sorte que l'on ne voit point en elles cette avidité inquiette qui agite incessamment l'esprit de l'homme, et le porte à la recherche de nouvelles connaissances, pour proportionner, s'il se peut, l'objet à la puissance, et y trouver un plaisir semblable à celui qu'on trouve à appaiser une faim violente, ou à se désaltérer après une longue soif. C'est ce que Platon a voulu exprimer par la fable du mariage de Porus et de Pénie, c'est-à-dire, des richesses et de la pauvreté, d'où il dit que nâquit le plaisir. L'objet est marqué par les richesses, qui

tention d'esprit pour les comprendre,
il n'y a point de grands raisonnemens
à faire, il ne faut point se fatiguer la
mémoire, il ne faut qu'imaginer. Ils
n'émeuvent nos passions, que pour les
appaiser; ils n'excitent notre crainte
ou notre compassion, que pour nous
faire voir hors du péril ou de la misere,
ceux pour qui nous craignons, ou
que nous plaignons; ils ne touchent
notre tendresse, que pour nous faire
voir heureux ceux que nous aimons; ils
ne nous donnent de la haine que pour
nous faire voir misérables ceux que
nous haïssons; enfin, toutes nos passions s'y trouvent agréablement ex-
citées et calmées. C'est pourquoi ceux
qui agissent plus par passion que par
raison, et qui travaillent plus de l'i-
magination que de l'entendement, y

8

sont les plus sensibles : quoique les
derniers le soient aussi, mais d'une
autre sorte. Ils sont touchés des beautés de l'art, et de ce qui part de l'entendement : mais les premiers, tels
que sont les enfans et les simples, le
sont seulement de ce qui frappe leur
imagination et agite leurs passions, et
ils aiment les fictions en elles-mêmes, sans aller plus loin. Or les fictions n'étant que des narrations vraies
en apparence, et fausses en effet, les
esprits des simples qui ne voyent que
l'écorce, se contentent de cette apparence de vérité, et s'y plaisent : mais
ceux qui pénetrent plus avant et vont
au solide, se dégoûtent aisément de
cette fausseté. De sorte que les premiers aiment la fausseté à cause de
la vérité apparente qui la cache, et

les derniers se rebutent de cette image
de vérité, à cause de la fausseté effec-
tive qu'elle cache, si cette fausseté
n'est d'ailleurs ingénieuse, mistérieu-
se, et instructive, et ne se soutient
par l'excellence de l'invention et de
l'art. Et Saint-Augustin dit en quelque
endroit, que ces faussetés qui sont
significatives, et enveloppent un sens
caché, ne sont pas des mensonges,
mais des figures de la vérité, dont les
plus sages et les plus saints personnages, et notre-Seigneur même, se sont
servis.

Puisqu'il est donc vrai que l'ignorance et la grossiereté sont les grandes sources du mensonge, et que ce
débordement de barbares qui sorti-
rent du septentrion, inonda toute
l'Europe, et la plongea dans une si

profonde ignorance, qu'elle n'en est
sortie que depuis environ deux siè-
cles; n'est-il pas bien vraisemblable
que cette ignorance produisit dans
l'Europe le même effet qu'elle a toujours produit par-tout ailleurs, et n'est-
ce pas en vain que l'on cherche dans
le hasard ce que nous trouvons dans
la nature; il n'y a donc pas lieu de
contester que les romans français,
allemands, anglais, et toutes les fables
du nord, sont du cru du pays, nées sur
les lieux, et n'y ont point été appor-
tées d'ailleurs; qu'elles n'ont point
d'autre origine que les histoires remplies de faussetés, qui furent faites
dans des tems obscurs, pleins d'ignorance, où l'industrie et la curiosité
manquaient pour découvrir la vérité
des choses, et l'art pour les écrire ;

que ces histoires mêlées du vrai et du
faux ayant été bien reçues par des
peuples demi-barbares, les historiens
eurent la hardiesse d'en faire de pure-
ment supposées, qui sont les romans.
C'est même une opinion reçue, que
le nom de roman se donnait autrefois
aux histoires, et qu'il s'appliqua depuis aux fictions, ce qui est un témoignage invincible que les unes sont
venues des autres : *Romanzi*, dit le
Pigna, *secundo la commune opi-*
nione in Francese detti erano gli an-
nali : et percio le guerre di parte in
parte notate sotto questo nome us-
civino. Poscia alcuni dalla verita
partendosi, quantumque favoleggi-
assero, cosi apunto chiamarono li
scritti loro........ Strabon dans un
passage que j'ai déjà allégué, dit que

les histoires des Perses des Medes , et
des Syriens n'ont pas mérité beaucoup
de créance ; parce que ceux qui les
ont écrites , voyant que les conteurs de
fables étaient en réputation, crurent
s'y mettre aussi en écrivant des fables
en forme d'histoires;c'est-à-dire des romans. D'où l'on peut conclure.que les
romans,selon toutes les apparences,ont
eu parmi nous la même origine , qu'ils
ont eu autrefois parmi ces peuples.

Mais pour revenir aux troubadours
ou Trouverres de Provence, qui furent en France les princes de la ro-
mancerie dès la fin du dixieme siecle ;
leur métier plût à tant de gens , que
toutes les provinces de France ,
comme j'ai dit, eurent aussi leurs
Trouverres. Elles produisirent dans
l'onzieme siecle , et dans les suivans ,

une multitude nompareille de romans en prose et en vers, dont plusieurs, malgré l'envie du tems, se
sont conservés jusqu'à nous. De ce
nombre étaient les romans de Garinle.
Lohetan, de Tristan, de Lancelot du
Lac, de Bertain, du Saint-Gréal, de
Merlin, d'Artus, de Perceval, de
Perceforest, et de la plupart de ces
cent vingt-sept poëtes qui ont vécu
devant l'an mil trois cents, dont le
président Fauchet a fait la censure.
Je n'entreprendrai pas de vous en
faire la liste, ni d'examiner si les
Amadis de Gaule sont originaires
d'Espagne, de Flandres, ou de France, et si le roman de Tiel Ulespiegle
est une traduction de l'Allemagne,
ni en quelle langue a premierement
été écrit le roman des sept Sages de

Rome, ou de Dolopathos, qu'on dit
qui a été pris des paraboles de Sanda-
ber indien, qu'on dit même qui se
trouve en Grec dans quelques biblio-
thèques, qui a fourni la matiere du
livre italien, intitulé Erastus, et de plusieurs des nouvelles de Bocace, comme
le même Fauchet l'a remarqué; qui
fut écrit en latin par Jean, moine de
l'abbaye de Hauteselve, dont on voit
de vieux exemplaires, et traduit en
français par le Clerc Hébert, vers la
fin du douzieme siecle, et en allemand
depuis près de trois cents ans, et d'allemand en latin depuis cent ans, par
un savant homme, qui ignorait que
cet allemand venait du latin, et qui en
changea les noms. Il me suffira de
vous dire que tous ces ouvrages, aux-
quels l'ignorance avait donné la nais-

sance, portaient des marques de leur
origine, et n'étaient qu'un amas de
fictions grossierement entassées les
unes sur les autres, et bien éloignées
de ce souverain dégré d'art et d'élégance, où notre nation a depuis porté
les romans. Il est vrai qu'il y a sujet de
s'étonner qu'ayant cédé aux autres le
prix de la poësie épique et de l'histoire, nous ayons emporté celui-ci
avec tant de hauteur que leurs plus
beaux romans n'égalent pas les moin-
dres des nôtres. Je crois que nous de-
vons cet avantage à la politesse de
notre galanterie qui vient à mon avis,
de la grande liberté dans laquelle les
hommes vivent en France avec les
femmes. Elles sont presque recluses
en Italie et en Espagne, et sont sépa-
rées des hommes par tant d'obstacles ;

qu'on les voit peu, et qu'on ne leur parle presque jamais. De sorte que l'on a négligé l'art de les cajoler agréablement, parce que les occasions en étaient rares. L'on s'applique seulement à surmonter les difficultés de les aborder; et cela fait, on profite du tems sans s'amuser aux formes. Mais en France, les dames vivant sur leur bonne foi, et n'ayant point d'autres défenses que leur propre cœur, elles s'en sont fait un rempart plus fort et plus sûr que toutes les clefs, que toutes les grilles, et que toute la vigilance des Douëgnes. Les hommes ont donc été obligés d'assiéger ce rempart par les formes, et ont employé tant de soin et d'adresse pour le réduire, qu'ils s'en sont fait un art presque inconnu aux autres peuples.

C'est cet art qui distingue les romans
français des autres romans, et qui en
a rendu la lecture si délicieuse ;
qu'elle a fait négliger des lectures
plus utiles. Les dames ont été les pre-
mieres prises à cet appas : elles ont
fait toute leur étude des romans, et
ont tellement méprisé celle de l'ancienne fable et de l'histoire, qu'elles
n'ont plus entendu des ouvrages qui
tiraient de là autrefois leur plus grand
ornement. Pour ne rougir plus de
cette ignorance, dont elles avaient si
souvent occasion de s'appercevoir,
elles ont trouvé que c'était plutôt fait
de désaprouver ce qu'elles ignoraient,
que de l'apprendre. Les hommes les
ont imitées pour leur plaire ; ils ont
condamné ce qu'elles condamnaient,
et ont appellé pédanterie, ce qui fai-

sait une partie essentielle de la politesse, encore du tems de Malherbe.
Les poëtes, et les autres écrivains
français qui l'ont suivi, ont été con-
traints de se soumettre à ce jugement,
et plusieurs d'entr'eux voyant que la
connaissance de l'antiquité leur était
inutile, ont cessé d'étudier ce qu'ils
n'osaient plus mettre en usage. Ainsi
une bonne cause a produit un très-
mauvais effet, et la beauté de nos romans a attiré le mépris des belles lettres, et ensuite l'ignorance.

Je ne prétens pas pour cela en con-
damner la lecture. Les meilleures
choses du monde ont toujours quelques suites fâcheuses. Les romans en
peuvent avoir de pires encore que l'i-
gnorance. Je sai de quoi on les accuse :
ils dessèchent la dévotion, ils inspirent

des passions déréglées, ils corrompent
les mœurs. Tout cela peut arriver et
arrive quelquefois. Mais de quoi les
esprits mal faits ne peuvent-ils point
faire un mauvais usage ? Les ames fai-
bles s'empoisonnent elles-mêmes , et
font du venin de tout. Il leur faut
donc interdire l'histoire, qui rapporte
tant de pernicieux exemples , et la
fable, où les crimes sont autorisés par
l'exemple même des dieux. Une statue
de marbre qui faisait la dévotion publique parmi les payens, fit la passion , la brutalité et le désespoir d'un
jeune homme. Le Chéréa de Térentese
se fortifie dans un dessein criminel à la
vue d'un tableau de Jupiter, qui atti-
rait peut être le respect de tous les autres spectateurs. On a eu peu d'égard
à l'honnêteté des mœurs dans la plu-

part des romans grecs et des vieux
français par le vice des tems où ils ont
été composés. L'Astrée même et quelques-uns de ceux qui l'ont suivie, sont
encore un peu licentieux, mais ceux
de ce tems, je parle des bons, sont si
éloignés de ce défaut, qu'on n'y trouvera pas une parole, pas une expression qui puisse blesser les oreilles
chastes; pas une action qui puisse of-
fenser la pudeur. Si l'on dit que l'a-
mour y est traité d'une maniere si dé-
licate et si insinuante, que l'amorce
d'une si dangereuse passion, entre aisément dans de jeunes cœurs : je ré-
pondrai que non-seulement il n'est pas
périlleux, mais qu'il est même en quelque sorte nécessaire que les jeunes
personnes du monde connaissent cette
passion, pour fermer les oreilles à

celle qui est criminelle, et pouvoir se
démêler de ses artifices; et pour savoir
se conduire dans celle qui a une fin
honnête et sainte. Ce qui est si vrai,
que l'expérience fait voir que celles
qui connaissent moins l'amour, en sont
les plus susceptibles, et que les plus
ignorantes sont les plus dupes. Ajou-
tez à cela, que rien ne dérouille tant
l'esprit, ne sert tant à le façonner et à
le rendre propre au monde, que la lecture des bons romans. Ce sont des pré-
cepteurs muets, qui succèdent à ceux
du collége, et qui apprennent à parler
et à vivre d'une méthode bien plus instructive et bien plus persuasive que la
leur, et de qui on peut dire ce qu'Horace disait de l'Illiade d'Homere, qu'elle
enseigne la morale plus fortement et
mieux que les philosophes les plus habiles.

Monsieur d'Urfé fut le premier qui
les tira de la barbarie ; et les remit dans
les regles en son incomparable Astrée,
l'ouvrage le plus ingénieux et le plus
poli, qui eût jamais paru en ce genre,
et qui a terni la gloire que la Grèce,
l'Italie et l'Espagne s'y étaient acquise.
Il n'ôta pourtant pas le courage à ceux
qui vinrent après lui d'entreprendre
ce qu'il avait entrepris, et n'occupa pas
si fort l'admiration publique, qu'il
n'en restât encore pour tant de beaux
romans, qui parurent en France après
le sien. L'on n'y vit pas sans étonne-
ment ceux qu'une fille, autant illustre
par sa modestie, que par son mérite,
avait mis au jour sous un nom em-
prunté, se privant si généreusement
de la gloire qui lui était due, et ne
cherchant sa récompense que dans sa
vertu.

vertu, comme si lorsqu'elle travaillait
ainsi à la gloire de notre nation, elle
eût voulu épargner cette honte à notre
sexe. Mais enfin le tems lui a rendu la
justice qu'elle s'était refusée, et nous a
appris que l'illustre Bassa, le grand
Cyrus, et Clélie, sont les ouvrages de
mademoiselle de Scudéry : afin que
désormais l'art de faire des romans,
qui pouvait se défendre contre les censeurs scrupuleux, non-seulement par
les louanges que lui donne le patriar-
che Photius, mais encore par les grands
exemples de ceux qui s'y sont appli-
qués, pût aussi se justifier par le sien ;
et qu'après avoir été cultivé par des
philosophes, comme Apulée et Athénagoras, par des préteurs Romains,
comme Sisenna ; par des consuls ,
comme Pétrone ; par des prétendans à

9

l'Empire, comme Clodius Albinus ;
par des prêtres, comme Théodorus
Prodromus; par des évêques, comme
Héliodore et Achillés Tatius ; par des
papes, comme Pie II, qui avait écrit
les amours d'Euryale et de Lucrece ; et
par des saints, comme Jean Damascène; il eut encore l'avantage d'avoir
été exercé par une sage et vertueuse
fille. Pour vous, M^r., puisqu'il est vrai
comme je l'ai montré, et comme Plu-
tarque l'assure, qu'un des plus grands
charmes de l'esprit humain, c'est le tissu
d'une fable bien inventée et bien ra-
contée; quel succès ne devez-vous pas
espérer de Zayde dont les aventures
sont si nouvelles et si touchantes , et
dont la narration est si juste et si polie.

Fin de l'Origine des Romans.

OBSERVATIONS

ET

JUGEMENS

SUR

LES PRINCIPAUX

ROMANS FRANÇAIS(1).

L E plus ancien des Romans français
est celui qu'on attribue à Turpin,
archevêque de Reims , neveu de

---

(1) Ces observations sont extraites des
ouvrages de la Dixmerie.

Charlemagne. Les actions de ce monarque n'y sont pas moins exagé- rés que celles d'Hercule ne le furent par les Grecs.

Le goût des romans de chevalerie se soutint et parut même s'accroître durant plusieurs siecles. Le onzieme vit éclore, entre autres productions de ce genre, Tristan, Lancelot du Lac, Artus, Merlin, Perceval, Per- ceforet, la déplorable histoire d'An- dré de France qui mourut par trop aimer celle qu'il n'avait jamais vue, etc. Il faut rapporter à-peu-près à ce même tems une partie des historiettes qui composent ce qu'on nomme par- mi nous la Bibliotheque Bleue. C'est un dépôt de l'esprit qui régnait dans ces siecles reculés. Il est bon tou- tefois d'observer que les Normands composerent quelques-uns de ces écrits, tels, entre autres que Richard sans peur, et Robert le Diable. Ce Robert le Diable n'est autre chose que Robert Court-Cuisse, fils de Guillaume le Conquérant, le même qui fit la guerre à son pere dans l'espérance de lui succéder avant qu'il mourût.

On sait quel rôle les fées et les enchanteurs jouaient dans tous les romans de chevalerie. On les y souffrait d'autant plus volontiers, qu'on ne doutait presque pas de leur existence; et l'orsqu'on s'avisa d'en douter, on les chercha encore dans les fictions, pour ne pas tout perdre à-la-fois.

Du tems des anciens Gaulois le Mont-Saint-Michel s'appellait Mont-Bellen, parce qu'il était consacré à

Bellénus, un des quatre grands dieux qu'adorait cette nation. «Il y avait sur ce mont un college de neuf druïdesses; la plus ancienne rendait des oracles; elles vendait aussi aux marins des fleches qui avaient la prétendue vertu de calmer les orages en les faisant lancer dans la mer par un jeune homme de vingt-un ans qui n'avait point encore perdu sa virginité. Quand le vaisseau était arrivé à bon port, on députait ce jeune homme pour porter à ces druïdesses des présens plus ou moins considérables; une d'entre elles allait se baigner avec lui dans la mer, et recevait ensuite les prémices de son adolescence, en l'initiant aux plaisirs qu'il avait jusqu'alors ignorés; le lendemain, en s'en retournant, il s'attachait sur les épau-

les autant de coquilles qu'il s'était
initié de fois pendant la nuit (1) ». Il
ne manque ici qu'un palais, et nous
aurons une idée de la maniere dont
Renaud occupait son loisir auprès
d'Armide. Les fleurs dont il était couvert suppléaient, sans doute, aux coquilles.

Venons à un roman où la féerie
n'entre pour rien, et qui réunit assez
complettement la vraisemblance physique et morale. Nous voulons parler
de l'Astrée. On vit alors de simples
bergers prendre la place des paladins,
substituer au ton gigantesque le ton
du sentiment, aux événemens incroyables, des incidens naturels. On
cessa d'être émerveillé, mais on se

---

(1) Sainte-Foix, Essais sur Paris.

trouva ému : et l'on sentit enfin que le moyen d'intéresser le cœur était de ne point trop vouloir étonner l'esprit. L'imagination brille dans ce roman; mais elle se promene sans s'égarer. Si l'on trouve quelque langueur dans l'expression des sentimens, il faut se rappeller que les héros de ce livre sont des personnages paisibles qui ont souvent occasion de se dire les mêmes choses, et qui croient ne se les être jamais assez dites. On trouvera, sans doute, aussi l'ouvrage un peu trop long, mais il faut avouer que de tous les longs romans, c'est celui dont l'étendue se fait le moins appercevoir.

Nous aurions dû placer avant cette derniere production un autre roman d'un genre très-opposé, et qui lui est

antérieur. C'est le Pantagruel de Rabelais. Il est aussi merveilleux par le
fond, que tous les romans qui l'a-
vaient précédé, mais il offre un ton
d'ingénuité, des traits de critique,
et même des traits de génie, que
nul d'entre eux ne présente. Il paraît
même faire la critique de tous ses aî-
nés. C'est du moins ce qui semble
être entré dans le plan de l'auteur,
supposé qu'on puisse entrevoir aucun
plan dans son ouvrage.

Ce n'est pas sans effort, que le bon
goût parvient à s'établir. Le mauvais
goût ressemble à ces plantes parasites
que le cultivateur ne cesse d'arracher,
et qui ne cessent de revenir sans avoir
besoin de culture. On ne choisit plus
pour héros de romans des paladins ;
mais nos romanciers firent des pala-

dins de tous leurs héros. Le commencement du dernier siecle vit éclore
ces énormes collections d'aventures
incroyables, et d'entretiens languis-
sans, les Pharamonds, les Cléopâtres,
les Clélies, les Artaménes, tant d'autres qu'on accueillit alors, et qu'on dé-
daigne aujourd'hui. C'étaient, quant
à l'ordonnance, des especes de poëmes épiques, surchargés d'épisodes;
et quant aux détails, des descriptions
exagérées, ou des conversations aussi
insipides que diffuses. Celles qui
avaient si bien réussi dans l'Astrée sé-
duisirent les auteurs de ces nouveaux
romans : ils firent parler Cirus et Ho-
ratius Coclès comme Céladon et
Silvandre. Par-là, ils rendirent trés-
ridicule ce qui avait paru trés-
agréable.

Scaron, qui eut l'art et le goût de tout travestir, dut peut-être à la lecture de ces fictions faussement sublimes, l'idée de son Roman Comique. Ses héros sont bien pris dans la nature : il ne s'éloigne en rien de la vraisemblance, et pour la première fois son style est plaisant sans être burlesque. En un mot, supposé qu'il n'ait voulu que travestir, ce n'est pas de son côté que se trouve la caricature.

Si le même esprit fit éclore le Roman Bourgeois, ce ne fut pas tout-à-fait le même génie ; car, quoi qu'on en puisse dire, chaque genre a le sien. L'ouvrage de Furetiere fut goûté dans son tems, et n'est point encore méprisé dans le nôtre. On le met en pendant avec le Roman Comique ;

mais c'est comme on y met certains
tableaux, uniquement parce qu'ils
sont de la même forme au défaut
d'être de la même main.

Zayde et la princesse de Cleves ra-
menerent le roman à son vrai ton ;
supposé même que ce ton eût déjà
été pris dans aucun roman. C'est la
vraisemblance d'action unie à des sentimens vrais; ce sont des caracteres pris
dans la nature, et une marche tracée
avec art, sans que l'art se fasse trop
sentir. Les uns attribuent ces deux
ouvrages à madame de la Fayette, les
autres à Ségrais. Le célebre Huet,
leur ami commun, les attribue uniquement au dernier. Son opinion doit
être d'un grand poids et ne peut guère
être combattue. Il est possible que
des motifs particuliers aient engagé

Ségrais à faire à madame de la Fayette
le sacrifice de ces deux productions.
En ce cas, il en aura usé comme ces
amans trop généreux qui se ruinent
pour enrichir ce qu'ils aiment.

Le dernier siècle ne vit paraître aucun autre roman de la force des deux
précédens, à moins qu'on ne place le
Télémaque au nombre de ces sortes
d'ouvrages. Alors il faudrait lui assi-
gner une classe à part. Quelle autre
production romanesque offrit jamais
des détails aussi brillans joints à des
vues aussi profondes? tant de douceur
dans l'expression et tant de force dans
les idées! Cet ouvrage semble n'a-
voir été fait que pour les princes, et
l'art de l'auteur a su le rendre utile à
tous les hommes. Il peut, tout-à-la-
fois, les intéresser et les instruire.

On vit, quelque tems après, paraître Séthos, autre roman politique; mais on vit parfaitement aussi qu'il était d'un autre auteur.

Les romans de madame Daunoi furent accueillis, parce qu'elle sut y jetter de l'intérêt; à cela près, ils sont écrits d'un style un peu trop languissant. On lit encore à vingt ans son Hippolyte, mais il est difficile qu'à trente on puisse le lire.

Hamilton, dans les mémoires du Comte de Grammont, paraît n'avoir écrit qu'un roman. Il est vrai que le caractere de son héros était par lui-même très-romanesque. Ces Mémoires, au surplus, doivent servir de modele quant au style. Par-tout il est rapide, léger, saillant, pittoresque : nulle entrave, nul embarras. Ha-

milton, quoiqu'étranger, maniait notre langue avec une facilité bien rare
jusqu'alors. Il en devina le génie dans
son genre, comme Pascal et la Bruyere
l'avaient deviné dans des genres différens.

Un autre écrivain, non moins bel
esprit que le précédent, mit dans ses
productions peut-être encore plus de
véritable esprit. C'est l'ingénieux le
Sage. Son Diable Boiteux est un des
meilleurs vaudevilles en prose qu'on
ait jamais faits. Vivacité d'expression,
tableaux raccourcis, mais saillans,
critique égayée par l'épigramme, portraits dont on croyait pouvoir faire
l'application, tels furent les causes
du singulier succès de ce roman. Il
a depuis perdu l'à-propos, et, par la
même raison, une partie de ses lec-

teurs. C'est le sort de tous ce qui n'est
que vaudeville. Gilblas, dont l'objet
est plus général intéresse aujourd'hui
plus universellement. Il joint au mérite de la narration celui d'une morale assaisonnée et d'un style qui dit
beaucoup plus qu'il ne semble dire :
c'est un de ces écrits qu'on ne doit
point lire trop rapidement. Ce fut
pourtant ce qui arriva. On lut un auteur qui donne beaucoup à penser,
comme on en lit tant d'autres qui disent fastidieusement tout ce qu'ils
pensent. Dès-lors, on ne lui rendit
point assez de justice. La Fontaine
eut long-tems le même sort. L'écrivain qui charme d'abord la multitude
est rarement un homme supérieur. Il
en est de ce dernier à-peu-près comme
                                    des

des grands hommes qui ne doivent
être jugés que par leurs pairs.

Le sage avait très-bien connu et le
génie de sa langue et les différens caracteres qui circulent dans la société.
Vint un autre scrutateur qui parut
faire dans le cœur humain de nouvelles découvertes. Il en développa tous
les replis, il en épia tous les mouve-
mens. Il s'attacha moins à décrire les
sentimens connus, qu'à distinguer les
nuances peu connues qui les modi-
fient. Ses perceptions sont quelquefois
si subtiles, que, pour voir comme lui,
il faut y regarder de bien près. Souvent même on est réduit à l'en croire
sur sa parole, tant les objets qu'il nous
indique sont impalpables et déliés.
Marivaux, enfin, eut une maniere de
voir à lui, et une maniere d'écrire qui

répondait à sa maniere de voir. On
ne doit ni imiter son style, ni peut-
être le blâmer. C'était le sien. On sait
que celui de chaque peintre ne se ressemble pas. L'Albâne mettait plus de
petits détails dans ses tableaux que
Michel-Ange dans les siens, et tous
deux ont rempli leur objet. Marivaux
a eu le même avantage dans le Paysan
parvenu et dans Marianne. C'est dom-
mage que le défaut de conclusion
nous empêche de juger s'il aurait
aussi-bien terminé le plan de ces deux
ouvrages.

L'auteur des Egaremens du cœur et
de l'esprit nous laisse les mêmes re-
grets. Au reste, il a prouvé, par d'autres écrits, qu'un dénouement ne l'em-
barrassait pas. L'ouvrage dont nous
parlons maintenant suffirait seul pour

établir la réputation d'un écrivain. Le
ton et les usages du grand monde,
les travers et les faiblesses du cœur
humain, y sont décrits avec cette sû-
reté d'expression qui atteste la ressemblance des portraits. Les Lettres
de la Marquise de.... nous détaillent
les effets d'une passion très-vive, et
très-vivement peinte. Celles d'une
Duchesse à un Duc sont d'un genre
plus tempéré. On demandera, peut-
être, pourquoi la marquise est si fai-
ble dès le début de son roman, et
pourquoi la duchesse est si forte même
en terminant le sien? On répondra
que l'auteur l'a voulu ainsi, que ces
sortes de contrastes ne sont point sans
exemple, et qu'un auteur de romans
est à l'abri du reproche lorsqu'il ne
hasarde que ce qui est possible. D'ail-

leurs, Crébillon a su encore se faire
lire, lors même qu'il a choqué et voulu choquer toute vraisemblance.

Les Confessions du Conte de..... par
Duclos, de l'académie française, furent contemporaines des Egaremens
du cœur et de l'esprit. La maniere des
deux auteurs n'est pas la même. Celle
de Duclos est plus heurtée : il détaille
moins que ne fait Crébillon. Le fond
des deux ouvrages differe aussi à bien
des égards. On dit, toutefois, que
l'auteur des Confessions enleva à celui des Egaremens le seul dénoûe-
ment qui convint à son ouvrage. Ce
ne peut-être que l'effet d'une réncon-
tre; mais elle est malheureuse pour
l'écrivain qu'on a prévenu.

A-peu-près dans le même tems, un
autre écrivain donnait à ces fictions et

plus d'étendue, et un aspect beaucoup
plus grave. L'abbé Prévost écrivait
ses romans à-peu-près comme on doit
écrire l'histoire. Son style, quoiqu'en
général assez pur, n'a point cette cou-
leur vive et fraiche qu'exigent les ouvrages d'imagination. Le sombre de ses
tableaux en fait presque l'intérêt. Son
imagination lugubre épuise dans ses
romans tous les ressorts de la tragédie.
Les poignards, les cavernes, les tom-
beaux, les bûchers, tout, jusqu'à l'an-
tropophagie, sert d'aliment ou de base
à ses fictions. Il tourmente ses lecteurs
à force de vouloir les interresser. On
peut, d'ailleurs, lui reprocher des
réflexions trop fréquentes, et, sur-
tout, d'avoir plutôt l'air de disserter
que de réfléchir. Quoi quil en soit, il
est assez rare que cet auteur ennuie,

et c'est une assez bonne réponse à faire aux meilleurs critiques. Sa Manon Lescaut en est encore plus efficace. On peut dire qu'il a traité fort heureusement un sujet qu'il n'eût peut-être point fallu traiter.

Il parut dans le même tems, et même quelque tems après, d'autres fictions plus piquantes que scrupuleuses. Ce sont de ces peintures qui tiennent leur place dans les cabinets, mais qu'on a soin de couvrir d'un rideau. Par-là on le dérobe à certains regards ; mais on tire soi-même de tems à autre le rideau qui les couvre.

L'éditeur des Lettres Persanes veut qu'on les envisage comme un roman. Ce n'est pas, du moins, un roman fort d'intrigue. Le grand mérite de cet

ouvrage consiste dans les fines observations de Ricca, et dans les pro-
fonds raisonnemens d'Usbec. On
peut, sans doute, répondre aux raisonnemens de l'un comme aux observations de l'autre. Chaque auteur
a sa maniere de voir, et Montesquieu
avait la sienne, souvent même très-
systématique. Il a mis dans ses Lettres
Persanes le germe de presque tous
ses autres écrits. Ce sont les cartons
d'un grand peintre, et j'ai vu quelques amateurs qui préféraient ces
mêmes cartons à la grande machine.

Les Lettres Turques, par Sainte-
Foix, annoncent, comme tous ses
autres écrits, l'auteur qui sait bien
écrire et bien voir. La politique de
Nédim Coggia est moins compliquée
que celle d'Usbec ; mais ses vues ne

sont pas moins morales et n'en deviennent que plus utiles. D'ailleurs, on trouve dans plusieurs des Lettres de Rosalie cet intérêt du cœur qui, dans tous les cas, facilite les leçons qu'on veut donner à l'esprit.

Le goût des romans en forme de lettres ne tarda point à devenir général. On distingua dans ce nombre les Lettres d'une Péruvienne, ouvrage d'une dame française (1) qui avait cultivé avantageusement sa langue. On peut, cependant, reprocher à son style un peu de langueur, d'afféterie, et de précieux ; mais il offre aussi quelquefois le véritable langage du sentiment.

On ne me pardonnerait point d'ou-

––––––––––––––––––

(1) Madame de Grafigny.

blier la Nouvelle Héloïse, autre roman écrit en forme de lettres. Cette Nouvelle Héloïse n'a de commun avec l'ancienne, que d'aimer comme elle son précepteur et d'en être aimée. On ne décidera point laquelle des deux céda le plus promptement; mais si l'ancienne fit aussi peu de résistance que la nouvelle, on peut dire que ces deux héroïnes furent d'assez bonne composition. Ce n'est pas, il est vrai, choquer la vraisemblance physique; mais la gradation morale est-elle bien observée? est-ce respecter suffisamment cette décence de convention si facile à observer, au moins dans un roman? D'ailleurs, celui-ci affiche l'instruction. L'auteur le destine à l'édification des meres, et il ajoute que toute fille est perdue si

elle en lit seulement quatre pages.
Certainement la plupart l'auront lu
tout entier. Que de filles perdues !
Hé ! pourquoi les exposer à un péril
aussi éminent ? Qu'est-ce qu'un livre
qu'une mere doit toujours tenir sous
la clef, et qu'elle ne peut lire sans
s'y mettre elle-même ? Passons. Voilà
Julie séduite, et bientôt après mariée :
l'ancienne Héloïse ne se maria point,
quoique son amant fût perdu pour
elle. Ce n'est pas tout : l'époux de
Julie est instruit d'avance de sa fai-
blesse. Il n'en témoigne rien ni avant
ni même long-tems après la conclusion. Il fait plus , il reçoit dans sa
maison cet ancien amant de sa
femme; il s'absente même et les laisse
tous deux exposés à des combats qui
pouvaient finir par une défaite.

Heureusement l'épouse est plus forte
que l'époux n'est prudent, et Julie
meurt tout à propos pour esquiver de
nouvelles épreuves. Elle écrit, ayant
la mort dans le sein, une lettre fort
longue à Saint-Preux, pour lui apprendre qu'elle l'a toujours aimé ,
qu'elle meurt en l'aimant. Qui le
croirait? c'est encore le mari de Julie
qui fait parvenir cette lettre à son ri-
val. Un tel caractere est d'une espece
rare. Aussi l'auteur a-t-il été le puiser
dans les glaces du Nord.

Avec tous ces défauts dans la tex-
ture, ce roman est quelquefois un
modele d'expression , mais c'est
quand les deux amans parlent d'a-
mour; et malheureusement ils parlent bien souvent d'autre chose. De
longues dissertations viennent trop

fréquemment intercepter l'intérêt.
Toutes, cependant, auraient leur
prix, si elles étaient moins déplacées.
J'en excepte les plaisanteries sur notre opéra, qui ne peuvent être pla-
cées nulle part.

Voltaire, qui n'a dédaigné aucun
genre de littérature, a bien voulu
nous donner aussi quelques romans.
Son Zadigue, entre autres, est tout
philosophique, mais jamais la philosophie ne se fit voir accompagnée de
tant de graces.

On a vu plus d'une fois le beau
sexe disputer au nôtre quelques pal-
mes littéraires. Toutes ne semblent
pas faites pour lui; mais il peut au
moins prétendre à quelques-unes.
Celle du roman est, sur-tout, de ce
nombre. L'amour fait la base de ces

sortes d'ouvrages, et celles qui le font naître semblent devoir être propres à le décrire. C'est ce qui a réussi à plusieurs de nos dames françaises, et ces preuves se renouvellent de tems à autre. On a fait un juste accueil aux productions de madame Rico-boni, à la délicatesse de style et à l'onction de sentiment qui les caractérisent. Le Danger des liaisons (1), les Lettres du marquis de Ro-selle (2), quelques autres écrits de ce genre, prouvent que notre siecle a ses La Fayette, auxquelles même on ne dispute point les ouvrages qui peuvent leur mériter ce titre.

Quelques écrivains de nos jours,

(1) Par madame de Saint-Aubin.
(2) Par madame Elie de Beaumont.

la plupart même encore jeunes, ont
produit des romans très-bien accueillis du public.

———————

On trouvera dans le Catalogue des
principaux Romans qui ont été pu-
bliés en France, par lequel nous al-
lons terminer ce Recueil, l'indication
d'une multitude de ces Romans, qu'il
eût été aussi long que fastidieux d'a-
nalyser. Notre but a été de faire connaître *l'Origine des Romans*, et de
montrer les différens progrès de cette
branche de littérature, qui est deve-
nue la passion dominante d'un grand
nombre de lecteurs. — Nous croyons
l'avoir rempli.

Fin des Observations sur les Romans.

INDICATION

DE quelques Romans anciens et d'un grand nombre de Romans modernes , par ordre alphabétique.

A.

ABASSAY, Histoire Orientale , 3 volumes *in-12.*

Abbaye de Grasville , 3 vol. *in-12.*

Abbaye de Munster , 2 vol. *in-12.*

Acajou et Zirphile , 1 vol. *in-12.*

Adelaïde de Champagne , 2 vol. *in-12.*

Adele de Ponthieu.

Adele de Senange , 2 vol. *in-12.*

Adele et Germeuil , 2 vol. *in-12.*

Adelma , ou la Fille Généreuse , 1 vol. *in-12.*

Adomer , ou le Bonheur dans l'obscurité , 1 vol. *in-12.*

Adversité , (l') 2 vol. *in-12.*

Agatha , ou la Religieuse anglaise , 4 vol. *in-18.*

Ah! quel conte! 4 vol. *in*-12.

Alcibiade , 4 vol. *in*-12.

Alcidiane , (la jeune) 3 vol. *in*-12.

Aline et Valcourt , 8 vol. *in*-12.

Alphonse d'Armancourt , 2 vol. *in*-12.

Alphonsine , ou les Dangers du Grand-Monde , 2 vol. *in*-12.

Amadis des Gaules , 4 vol. *in*-12.

Amans malheureux , (les) ou le Comte de Comminges , 1 vol. *in*-12.

Amans (les) réunis , 1 vol. *in*-12.

Amans (les) infortunés , ou Voyages et aventures d'un militaire français , 4 vol. *in*-12.

Amélie , ou les Ecarts de ma jeunesse , 2 vol. *in*-12.

Amitié (l') trahie , ou Mémoires d'un Négociant , 1 vol. *in*-12.

Ammorvin et Zallida , roman chinois , 2 v. *in*-12.

Amours d'Héloïse et d'Abailard , (les) 1 vol. *in*-12. —

Amours et aventures d'un émigré , 2 vol. *in*-12.

Amours (les) de Chatelard et de Marie-Stuart , 2 vol. *in*-12.

Amours de Pierre-le-Long et de Blanche Bazu , 1 vol. *in*-12.

Amours de Sapho et de Phaon , 1 v. *in*-12.

Amours et malheurs de Louise , (les) 2 vol.

Amours (les) de Lysandre et de Calliste, 1 vol. *in*-12.

Amours (les) d'Henri IV, avec ses Lettres galantes à la duchesse de Beaufort et à la marquise de Verneuil, 2 vol.

Amours de Théagène et Chariclée, 2 vol. *in*-12.

Amours d'Ismene et d'Isménias, 1 vol. *in*-12.

Amusement des Eaux de Spa, 4 v. *in*-12.

Amusemens agréables, ou Nouveau passe-tems à la mode pour la ville et la campagne, 1 vol. *in*-12.

Amusemens de la campagne, 7 vol. *in*-12.

Andronica, ou l'Epouse fugitive, 3 vol. *in*-12.

Anecdotes de la cour de Philippe-Auguste, 6 vol. *in*-12.

Anecdotes de la cour de François Ier., 3 v. *in*-12.

Anecdotes Vénitiennes et Turques, ou Mémoires du comte de Bonneval, 1 vol. *in*-12.

Anecdotes ou Hist. de la maison Ottomane, 4 vol. *in*-12.

Anecdotes historiques et Romans de d'Arnaud, 12 vol. *in*-8°.

Angelina, 2 vol. *in*-12.

Angola, Histoire indienne, 2 vol. *in*-12.

Anna, ou l'Héritiere Galloise, 4 v. *in*-12.

Anne-Rose Trée, 2 vol. *in*-12.

11

Anti-Pamela, ou Mémoires de Mde. ***, 1 vol. *in*-12.

Antonio, ou les Tourmens de l'amour, 1 vol. *in*-12.

Anzoletta-Zadoski, 2 vol. *in*-12.

Arboffled, Histoire anglaise, 1 vol. *in*-12.

Argénis, 2 vol. *in*-12.

Ariane.

Artamon et Suzanne, 2 vol. *in*-12.

Arundel, 2 v. *in*-12.

Atazaide.

Astrée.

Aventures de Joseph Andrews.

Aventures de Robinson, 4 vol. *in*-12.

Aventures de Roquelaure, 1 vol. *in*-12.

Aventures de Télémaque, 2 vol. *in*-12.

Aventures d'un Sauvage, 2 vol. *in*-12.

Aventures (les) d'Abdala, fils d'Hanif, 1 vol. *in*-12.

Aventures d'Ulisse dans l'île d'Ææa, 2 vol. *in*-12.

Aventures d'un Chevalier Romain, 1 vol. *in*-12.

Aventures (les) de Hugues Trévor, ou le Giblas anglais, 4 vol. *in*-12.

Aveux d'une femme galante, 1 vol. *in*-12.

Azalais, ou le Gentil Aimar, 3 vol. *in*-12.

Azoline, ou la Roze d'Amour, 1 vol. *in*-12.

B.

BACHELIER (le) de Salamanque.
Banise et Balacin , ou la Constance couron-
née , 2 vol. *in*-12.
Barons (les) de Felsheim , 2 vol. *in*-12.
Bélisaire , 1 vol. *in*-8°.
Belle-Mere , (la) 2 vol. *in*-12.
Belle-Indienne , (la) 2 vol. *in*-12.
Bergere (la) d'Aranville , 1 vol. *in*-12.
Berger (le) arcadien , 1 vol. *in*-18.
Bertholde , (histoire de) 1 vol. *in*-8°.
Bianca Capello , 3 vol. *in*-12.
Bibliotheque de campagne.
Bibliotheque nouvelle.
Bibliotheque des Romans. (la)
Bibliotheque de Société.
Blancay , 2 vol. *in*-12.
Bois de Boulogne , (les Soirées du) ou Nou-
velles françaises et anglaises , 2 vol. *in*-12.
Bourgeois. (le Roman)
Bourgogne. (histoire secrette de)
Brantome. (Œuvres de)
Bréviaire (le) des jolies Femmes , 1 vol.
in-18.

C.

CALEB Williams , (aventures de) 2 vol.
in-8°.

Calixta de Pormenthal, 1 vol. *in*-18.
Caloandre fidele, (le) 3 vol. *in*-12.
Camilla, ou la Peinture de la jeunesse, 5 vol. *in*-12.
Camille, ou Lettres de deux Filles de ce siecle, 4 vol. *in*-12.
Camille, ou le Souterrein, 1 v. *in*-18.
Camille et Formose, 2 vol. *in*-18.
Champion (le) de la Vertu, 1 vol. *in*-18.
Candide, ou l'Optimisme, 1 vol. *in*-12.
Cantatrice (la) par infortune, 3 v. *in*-12.
Caprices (les) de l'Amour, 2 vol. *in*-18.
Carline et Belval, 2 vol. *in*-18.
Caroline de Lichetfield, 3 vol. *in*-18.
Caryte et Polydore, 1 vol. *in*-12.
Catherine, ou la Forêt de Lewelyn, 1 vol. *in*-18.
Ce qui fait le bonheur, 1 vol. *in*-18.
Cécilia, ou Mémoires d'une jeune Héritiere, 5 vol. *in*-12.
Cecile, fille d'Achmet, 1 vol. *in*-12.
Cecilia, 7 vol. *in*-18.
Célestine, ou la Victime des préjugés, 4 vol. *in*-12.
Célide, 2 vol. *in*-12.
Cents (les) Nouvelles, Nouvelles, 2 vol. *in*-8°.
Chapelle (la) d'Ayton, ou Emma Courtney, 5 vol. *in*-12.
Charles de Rosenfeld, ou l'Aveugle inconsolable d'avoir cessé de l'être, 3 v. *in*-12.

Charmes (les) de l'Enfance, 2 vol. *in-18*.
Charmansage, 4 vol. *in-12*.
Châteaux (les) Dathlin, 2 vol. *in-18*.
Château (le) Mystérieux, 2 vol. *in-18*.
Château (le) de Mortimor, 1 vol. *in-12*.
Château (le) de Galice, 2 vol. *in-12*.
Chats, (les) 1 vol. *in-8°*.
Chevaliers (les) du Cigne, 3 v. *in-12*.
Chevalieres (les) errantes, 3 vol. *in-12*.
Cinq contes de Fées, (les) 1 vol. *in-12*.
Claire et Eveling, 2 vol. *in-12*.
Clairville, ou Adélaïde de Saint-Alban,
   1 vol. *in-18*.
Clara Lenox, ou la Veuve infortunée, 2 v.
   in-12.
Clarisse, 10 vol. *in-8°*.
Clarisse, (la nouvelle) 2 vol. *in-12*.
Claude et Claudine, 1 vol. *in-12*.
Clélie.
Clémentine de Lindau, 1 vol. *in-12*.
Clémentine, ou le Legs fatal, 2 v. *in-12*.
Cléopatre.
Clermont, 3 vol. *in-12*.
Cleveland. (Histoire de)
Cloche de Minuit, (la) 2 vol. *in-12*.
Compere Mathieu, (le) 4 vol. *in-18*.
Comte de Saint-Mairan, (le) 4 v. *in-12*.
Comte (le) de Warwick.
Comtesse (la) de Vergy.
Confessions du comte de ***, (les) 1 v. *in-12*.
Confessions (les) d'un Solitaire, 2 v. *in-18*.

Confessions (les) du chevalier de V***.

Confession galante de B., femme du jour,
1 vol. *in*-18.

Connétable (le) de Bourbon.

Contes des Fées, (les) 4 vol. *in*-12.

Contes des Fées, (nouveau recueil de)
1 vol. *in*-12.

Contes orientaux, 2 vol. *in*-12.

Contes (les) du Sérail, 1 vol. *in*-12.

Contes (les) de Voisenon.

Contes (les) de Mlle. Onsi.

Contes (les) de la Dixmerie.

Contes (les) d'Hamilton.

Contes (les) de Bonaventure des Périers,
3 vol. *in*-12.

Contes à rire, (nouveaux) ou Récréations
françaises, 2 vol. *in*-12.

Contes et nouvelles de Bocace, 2 vol. *in*-8°.

Contes et discours (les) d'Eutrapel, 1 vol.
in-8°.

Contes et nouvelles de Marguerite de Va-
lois, reine de Navarre, 2 vol. *in*-8°.

Contes moraux de Marmontel, 4 vol. *in*-12.

Conteur, (le) 2 vol. *in*-12.

Contes de Perrault, 1 vol. *in*-18.

Contradictions, (les) ou Ce qui peut en
arriver, 1 vol. *in*-12.

Conversations amusantes, par Mde. F**,
chanoinesse de ***, 3 vol. *in*-18.

Conversation d'une Courtisanne grecque, 1
vol. *in*-18.

Coq-d'Or, (le) Roman allégorique, 1 v. in-12.

Coraly et Zamore, ou les Illustres Américains, 2 vol. in-12.

Coralie, ou le Danger de se fier à soi-même.

Courtisannes vertueuses, (les Trois) 1 vol. in-18.

Cousin de Mahomet, (le) ou la Folie salutaire, 2 vol. in-12.

Cousines, (les deux) ou le Mariage du chevalier de * * *, 1 vol. in-12.

Couvent, (le) 3 vol. in-12.

Criminel (le) vertueux, 3 vol. in-18.

Crime, (le) 4 vol. in-12.

Curé (le) de Lansdown, ou les Garnisons, 2 vol. in-12.

Cyrus.

D.

Daïra, Histoire orientale, 1 volume in-8°.

Dangers (les) de l'Intrigue, 4 vol. in-12.

Danger (le) des liaisons.

Découverte (la) de l'Amérique pour l'instruction et l'amusement des jeunes gens, avec deux cartes, 3 vol. in-12.

Décameron (le) de J. Boccace, 5 v. in-8°.

Delphina, ou le Spectre amoureux, 2 vol. in-18.

Derniere (la) Héloïse, ou Lettres de Junie
    Salesbury, 1 vol. *in*-12.
Desmond, ou l'Amant Philantrope, 4 vol.
    in-18.
Dharcourt, ou l'Héritier supposé, 3 vol.
    in-12.
Diable Boiteux, (le) 3 vol. *in*-12.
Dialogue moral, 1 vol. *in*-12.
Diane de Castro, 1 vol. *in*-12.
Dolbreuse, ou l'Homme du Siecle, 2 vol.
    in-18.
Don Quichotte, 6 vol. *in*-12.
Dot (la) de Suzette, ou Histoire de Mde.
    de Senneterre, 1 vol. *in*-12.
Doyen (le) de Killerine, 4 vol.
Dusseldorf, ou le Fratricide. 3 vol. *in*-12.

E.

Edmond et Eléonora, 3 vol. *in*-12.
Edouard, ou l'Enfant-Trouvé, 3 vol. *in*-12.
Edouard et Sophie, 2 vol.
Egaremens du cœur et de l'esprit, 2 vol.
    in-12.
Egaremens de Julie, 2 vol. *in*-12.
Egaremens de l'Amour, 3 vol. *in*-12.
Eglise (l') de Sainte - Siffried, 5 vol.
    in-12.
Eleve du plaisir, (l') 2 vol. *in*-12.
Eleve de l'Amitie, (l') ou Zélic l'Ingénue,
    3 vol. *in*-12.

Elfride , ou l'Ambition paternelle, 3 vol. *in-12.*

Elisabeth de Tokenbourg, 4 vol. *in-12.*

Eliza, ou Mémoires de la famille Ederland, 4 vol. *in-12.*

Emma, ou l'Enfant du malheur, 2 vol. *in-12.*

Enfans de l'Abbaye, (les) 6 vol. *in-8°.*

Enfant (l') du Carnaval, 4 vol. *in-18.*

Epicharis, ou Histoire secrette de la conjuration de Pison , contre Néron, 1 vol. *in-12.*

Epoux malheureux, (les) 4 vol. *in-12.*

Equipées de l'Amour, (les) 1 vol. *in-12.*

Esquisses du cœur, ou Henry Bennet, 5 vol. *in-12.*

Ernestine, 1 vol. *in-12.*

Erreur (l') des desirs, 2 vol. *in-12.*

Espiégleries, (mes) 1 vol. *in-12.*

Estévanille de Gonzale, ou le Garçon de bonne humeur, 3 vol. *in-12.*

Estelle, 1 vol. *in-12.*

F.

Facéties Parisiennes, 1 vol. *in-8°.*

Famille Napolitaine, (la) 3 vol. *in-12.*

Fanni, ou l'Heureux Repentir, 1 vol. *in-12.*

Fanni Buttler à milord Charles Alfred, 1 vol. *in-12.*

Fathom et Melvil, 4 vol. *in-12.*

Faublas, 13 vol. *in-12.*

Faux Ravisseur, (le) 2 vol. *in-12.*

Féeries Nouvelles de Caylus 2 vol. *in-12.*

Félicia, 2 vol. *in-12.*

Félicie de Villmart, 3 vol. *in-12.*

Félix et Pauline, ou le Tombeau au pied du Mont-Jura, 2 vol. *in-12.*

Femme de bon sens, (la) 4 vol. *in-12.*

Filles , (l'Ecole des) ou Mémoires de Coustance, 4 vol. *in-12.*

Firmin, ou le Jouet de la Fortune , 2 vol. *in-12.*

Florentin et rosine, 2 vol. *in-12.*

Folies de la Prudence humaine, 1 vol. *in-12.*

Force du Sang, (la) 1 vol. *in-12.*

Forêt, (la) ou l'Abbaye de Sainte-Clair 4 vol. *in-12.*

Fortune, (la) Histoire critique, 1 vol *in-12.*

Francis et Eliza, 2 vol. *in-12.*

Françaises, (les) 4 vol. *in-12.*

Freres, (les trois) ou Lydia Churchill , 2 vol. *in-12.*

G.

Gage-Touché, (le) Histoires galantes et comiques, 1 vol. *in-12.*

Gageure (la) dangereuse, 1 vol. *in-12.*

Galanteries des rois de France, 3 vol.
in-12

Gaudence de Lucques, 4 vol. in-12.

Gémima Guzman, ou l'Anneau, 3 vol.
in-12.

Georgeaua, ou la Vertu persécutée, 2 vol.
in-12.

Gérard de Vilsen, 1 vol. in-12.

Gernance, ou la force des passions, 1 vol.
in-12

Gilblas, 4 vol. in-12.

Gondès, (Histoire de madame de) 2
vol. in-12.

Gonzalve de Cordoue, 3 vol. in-12.

Grammont, (Mémoires du comte de) 6
vol in-12.

Grandisson, 4 vol. in-12.

Grélot, (le) 1 vol. in-12.

Gréville, ou le Fils naturel, 1 vol. in-12.

Grigri.

Gulliver, (voyage de).

Gusman Dalfarache, 4 vol. in-12.

H.

HAMILTON, (Œuvres mêlées du comte
d') 6 vol. in-12.

Hammond et Cobbett , ou les Malheurs de
la guerre civile , 2 vol. in-12.

Hauts faits d'Esplandian, 2 vol. *in*-12.
Heerfort et Claire , 4 vol. *in*-12.
Hollandais (l') raisonnable , 3 vol. *in*-12.
Héloïse, (la nouvelle) ou Lettres de Deux
　　Amans , par J. J. Rousseau, 6 vol. *in*-12.
Herman d'Unnal , 3 vol. *in*-12.
Henriette et Zoa , 1 vol. *in*-12.
Henriette Stuart , 2 vol. *in*-12.
Henry , 6 vol. *in*-12.
Henriette de Volmar , ou la Mere jalouse ,
　　1 vol. *in*-12.
Histoires tragiques et galantes , 3 vol. *in*-12.
Héroïne (l') mousquetaire , 1 vol. *in*-12.
Heureux (l') Esclave ; nouvelle : 1 vol.
Histoire de Tom Jones, ou l'Enfant-Trouvé,
　　4 vol. *in*-12.
Histoire du prince Soly et de la princesse
　　Felée, 1 vol. *in*-12.
Histoire du prince Titi, 3 vol. *in*-12.
Histoire japonaise , par Crébillon , 2 vol.
　　in-12.
Histoire comique de Francion.
Histoire de Mlle. ***, 1 vol. *in*-12.
Histoire du vaillant chevalier Tiran le
　　Blanc , 2 vol. *in*-12.
Histoire de madame de Luz, 1 vol. *in*-12.
Histoire de madame la marquise de P***,
　　sur la Quintescence des Modes, 1 vol.
　　in-12.
Histoire de Gérard de Nevers, 1 vol. *in*-12.
Histoire d'une Famille , 2 vol. *in*-12.

Histoire du marquis de Sévigny, 2 vol.
in-12.

Histoire de mademoiselle de Salens, 3 vol.
in-12.

Histoire de Manon Lescaut, 2 vol.

Histoire amoureuse des Gaules, 5 vol.
in-12.

Histoire du petit Jehan de Saintré, 1 vol.
in-12.

Hyppolite, comte de Duglas, 2 volumes
in-12.

Homme errant, (l') 2 vol. *in*-12.

Homme aux quarante écus, (l') 1 vol.
in-12.

Honorine Clarins, 2 vol. *in*-12.

Horton et Maltide, 2 vol. *in*-12.

Hortense, ou la jolie Courtisanne, 2 vol.
in-12.

Hubert de Sevrac, 3 vol. *in*-12.

Huron, (le) 1 vol. *in*-12.

I.

IBRAHIM Bassa

Italien, (l') ou le Confessionnal des Péni-
tens-Noirs, 3 vol. *in*-12.

Ingénue Saxancourt, 3 vol. *in*-12.

Isabelle et Théodore, 2 vol. *in*-12.

Influence des Passions, 2 vol. *in*-12.

Illustre Servante. (l').

Infortunes (les) de la Galetiere, 2 vol.
in-12.

Infortunes (les) de Maria, 1 vol. *in-12.*

Infortunee (l') Sicilienne, 2 vol. *in-12.*

Isabelle et Henri, 4 vol. *in-12.*

Infortuné (l') Napolitain, 4 vol. *in-12.*

Incas, (les) 3 vol. *in-12.*

Ismaël et Christine, 1 vol *in-12.*

Idalie, ou l'Amante infortunee, 3 volumes
in-12.

Illustres Françaises, (les) 4 vol. *in-12.*

J.

JACQUES le fataliste et son maître, 2
vol. *in-8°.*

Jardiniere de Vincennes, (la (2 vol. *in-12.*

Jardin (le) d'Amour, ou le vendangeur,
1 vol. *in-12.*

Jean de Bourbon, prince de Carenci.

Jean de Calais, 1 vol. *in-12.*

Jemmy et Sophie, 2 vol. *in-12.*

Jeune (la) alcidiane, 3 vol, *in-12.*

Jeune Philosophe, (le) 3 vol. *in-12.*

Jeune (la) niece, 3 vol. *in-12.*

Joseph, 1 vol *in-12.*

Josselina, 2 vol. *in-12.*

Joyeuses aventures et Nouvelles récréations,
contenant plusieurs contes facétieux, 1
vol. *in-16.*

Jules et Sophie, 2 vol. *in-12.*
Julia. ou les Souterrains de Mazzini, 2
  vol. *in-12.*
Juliette et d'Almor, 2 vol. *in-12.*

K.

KERFOLIN , ou l'Étoile , 1 volume
in-12.

L.

LADY (Histoire de) Barton , 1 vol.
  in-12.
La Paysanne parvenue , 1 vol. *in-12.*
La Paysanne parvenue, ou les Mœurs des
  grandes villes , 4 vol. *in-12.*
La Princesse de Montpensier, 1 vol. *in-12*
La Poupée , 1 vol. *in-12.*
La Ratomanie , 1 vol. *in-12.*
La Religieuse interressée et amoureuse ,
  1 vol. *in-12.*
L'Art de désopiler la rate , 2 vol. *in-12.*
La Saxe galante , 2 vol. *in-12.*
Laure , ou Lettres de quelques femmes de
  Suisse , 5 vol. *in-12.*
Laurence de Sainte-Beuve, 1 vol. *in-12.*
Laure et Auguste , 2 vol. *in-12.*
Lectures amusantes , ou Délassemens de
  l'esprit , par le marquis d'Argens , 2 vol.
  in-12.

Le Mot et la Chose, 1 vol. *in-12*.

Léonci, 2 vol. *in-8°*.

Le Paysan parvenu, 1 vol. *in-12*.

Le Poëte, 4 vol. *in-12*.

Le Prince des aigues marines, 1 vol. *in-12*.

Les Cinq matinées et une demie, 1 vol. *in-12*.

Les Nouvelles Françaises, ou les Divertissemens de la princesse Aurelie, 2 vol. *in-12*.

Les Mille et une Nuits, 6 vol *in-12*.

Les Mille et un Jours, 5 vol. *in-12*.

Les Aventures et les Voyages de trois princes de Sarendip, 2 vol. *in-12*.

Les Manteaux, 1 vol. *in-12*.

Les Quinze Joyes du Mariage, 1 vol. *in-12*.

Lettres du marquis de Rozelle, 2 v. *in-12*.

Lettres d'une dame Champenoise à une dame de qualité, à la Haye, 1 vol. *in-12*.

Lettres à Eugénie, 2 vol. *in-12*.

Lettres d'un Indien, 2 vol. *in-12*.

Lettres de Talbert, 2 vol. *in-12*.

Lettres à Milady B., 3 vol. *in-12*.

Lettres de Juliette Catesby, 1 vol. *in-12*.

Lettres de Julie de Roubigné, 2 vol. *in-12*.

Lettres d'une Péruvienne, 2 vol. *in-12*.

Lettres de Charlotte à Caroline, 2 vol. *in-12*.

Lettres de milord Chestefield, 12 vol. *in12*.

Lettres

Lettres de Julie à Ovide , 1 vol. *in*-12.

Lettres de Ninon de Lenclos, 2 vol. *in*-12.

Lettres d'Yorick à Eliza , 1 vol. *in*-12.

Lettres d'Heloise et d'Abeilard , 2 vol. *in*-12.

Lettres et aventures d'Alexandre Schelle, 2 vol. *in*-12.

Lettres Persannes , 2 vol. *in*-12.

Liaisons dangereuses, (les) 4 vol. *in*-12.

Libertin (le) devenu vertueux , 2 vol. *in*-12.

Lidorie , 2 vol. *in*-12.

Lisward de Grèce , 5 vol. *in*-12.

Loisirs d'un homme sensible , 1 vol. *in*-12.

Loisirs d'une jeune Personne , 1 vol. *in*-12.

Lolotte et Fanfan , 4 vol. *in*-12.

Louisa Béverley , ou le Pere égoïste , 3 vol. *in*-12.

Louise, ou la Chaumiere dans le Marais, 2 vol.

Lucile et Milcourt, ou le Cri du Sentiment, 1 vol. *in*-12.

Lunettes , (les) ou Ainsi va le monde , 1. vol. *in*-12.

Lydia , 4 vol. *in*-12.

M.

MALHEURS (les) de la Jalousie, 4 vol. *in*-12.

Malheurs de l'Inconstance, (les) 2 vol.
in-12.

Malheurs de l'Amour, 2 vol. in-12.

Manuel des Sorciers, 1 vol. in-12.

Marcomeris, ou le Beau Troubadour, 1
vol. in-8°.

Margaretta, ou l'Intérieur d'une Famille,
2 vol. in-12.

Margot la Ravaudeuse, 1 vol. in-12.

Maria, ou le Malheur d'être femme, 1
vol. in-12.

Maria de Marlinge, 2 vol. in-12.

Marie Sain-Clair, 1 vol. in-12.

Marie d'Angleterre, 1 vol. in-12.

Masque de Fer, (le) ou les Aventures admirables du Pere et du Fils, 3 vol. in-12.

Matines de Cythere.

Matilde, ou le Souterrain, 4 vol. in-12.

Méchante (la) femme, 2 vol. in-12.

Mélanie et Félicité, 2 vol. in-12.

Mémoires d'un jeune Fille, 2 vol. in-12.

Mémoires intéressans d'une Lady, 2 vol.
in-12.

Mémoires de Cromstad, 2 vol. in-12.

Mémoires de Sterhneims, 2 vol. in-12.

Mémoires de mademoiselle de Bontems, 2
vol. in-12.

Mémoires Turcs, 3 vol. in-12.

Mémoires de la cour d'Espagne.

Mémoires du chevalier de Ravanues, 4 v.
in-12.

Mémoires du comte de Comminges, 1 vol. *in*-12.

Mémoires du vicomte de Barjac, 2 vol. *in*-12.

Mémoires de milord * * *.

Mémoires d'un honnête homme.

Memoires du comte de ***.

Mémoires de Montbrun.

Mémoires d'Artagnan.

Mémoires de M. L. C. D. R.

Mémoires de Verdac.

Mémoires pour servir à l'Histoire des Mœurs du dix-huitieme siecle, par Du-clos, 1 vol. *in*-12.

Mémoires de Cécile.

Mémoires et Aventures d'un homme de qualité, qui s'est retiré du Monde, 6 v. *in*-12.

Mémoires pour servir à l'Histoire de la Vertu, 2 vol. *in*-12.

Mémoires du comte de Comainville, 1 vol. *in*-12.

Mémoires pour servir à l'Histoire de la Ca-lotte, 2 v. *in*-12.

Mémoires de madame de Saldaigne, 2 vol. *in*-12.

Memnon, Histoire Orientale, 3 vol. *in*-12.

Mendiant (le) Boiteux, ou Aventures d'Ambroise Gwinet, 2 vol. *in*-12.

Mere coupable, (la) ou le Danger de la passion du Jeu, 1 vol. *in*-12.

Milistina, ou la Double intrigue, 2 volumes
   in-12.
Micromegas, par Voltaire, 1 vol. *in*-12.
Mille (les) et une Faveurs, 5 vol. *in*-12.
Mille et une Folies, 8 vol. *in*-12.
Mille et un quart-d'heure, 3 v. *in*-12.
Ministre (le) de Wakesfield, 2 vol. *in*-12.
Minuit, ou les Aventures de Paul Mirebon,
   1 vol. *in*-12.
Mirano, ou les Sauvages, 1 vol. *in*-12.
Misogug, 2 vol. *in*-12.
Miss Courteney, 2 vol. *in*-12.
Miss Lony, 1 vol. *in*-12.
Moine, (le) 3 vol. *in*-12.
Moyen de Parvenir, (le) 3 vol. *in*-12.
Monrose, 4 vol. *in*-12.
Mysteres (les) d'Udolphe, 6 vol. *in*-12.
Mystères (les) dé la Tour-Noire, 2 vol.
   in-12.

N;

Nature (la) et l'art, 2 v. *in*-12.
Negre (le) comme il y a peu de Blancs, 3 v.
   in-18.
Négresse, (la) 2 v. *in*-12.
Nelson, ou l'Avare puni, 2 vol. *in*-12.
Nérine, 2 vol. *in*-12.
Nioias et Cinyre, ou les Amans Athé-
   niens, 2 vol. *in*-12.

Nœuds (les) enchantés, 1 vol. *in*-12.
Nouveau (le) Gilblas, 1 vol. *in*-12.
Nouvelles galantes et tragiques, 1 vol. *in*-12.
Nouvelles tragi-comiques, 2 vol. *in*-12.
Nouvelles - Nouvelles de Florian, 1 vol.
 in-12.
Nouvelles, (les six) 1 v. *in*-12.
Nouvel (le) Enfant-Trouvé, 1 vol. *in*-12.
Nuit et le moment, (la) 1 vol. *in*-12.
Nuits d'hiver, (les) 1 vol. *in*-12.

O.

Officier réformé, (l') 2 vol. *in*-12.
Ombre (l') errante, 2 vol. *in*-12.
On ne s'y attendait pas, 2 vol. *in*-12.
Onze (les) journées, 1 vol. *in*-12.
Ophelia, ou l'Entrée d'une Orpheline dans
 le monde, 2 vol. *in*-12.
Orpheline (l') Anglaise, ou Histoire de
 Charlotte Summers, 4 vol. *in*-12.

P.

Pamela, 12 vol. *in*-12.
Paresseux (le) 2 vol. *in*-8°.
Parisiennes, (les) 4 vol.
Passions (les) du jeune Werter, 1 vol. *in*-12.
Paul et Virginie, 1 vol. *in*-12.

Paulin ou aventures du comte de Watter, 2 vol. *in*-12.

Pauliska, ou la Perversité Moderne, 1 vol. *in*-12.

Péchés (les jolis) d'une Marchande de Modes, 1 vol. *in*-12.

Peregrinus protée, ou les Dangers de l'entousiasme, 2 vol. *in*-12.

Petit Grandisson, (le) 2 vol. *in*-12.

Petit Jacques et Georgette, 4 vol. *in*-12.

Petit - Pierre, ou Rodolphe de Westerbourg, 4 vol. *in*-12.

Petite (la) chronique de Tatoïaba, 1 vol. *in*-12.

Pharamond, 4 vol. *in*-12.

Philosophie du sentiment, (la) ou Mémoires d'Emilie de Ferville 2 vol. *in*-12.

Philosophie (la) des Boudoirs, 1 vol *in*-12.

Piétro d'Albi et Gianetta, 1 vol. *in*-12.

Pied (le) de Fanchette, 2 vol. *in*-12.

Prévention Nationale, (la) 3 vol. *in*-12.

Prieuré (le) de Derwent, 2 vol. *in*-12.

Prieuré (le) de Saint-Bernard, 2 vol. *in*-12.

Primérose, 1 vol. *in*-12.

Princesse (la) de Cleves, 2 vol. *in*-12.

Prince (le) philosophe, 2 vol. *in*-12.

Provinciales, (les) 12 vol. *in*-12.

Phsafion, ou la courtisanne de Smyrne, 1 vol. *in*-12.

Q.

QUATRE Romans (les), 2 vol. *in-12.*
Quinzaine (la) anglaise, 3 vol. *in-12.*

R.

RABELAIS, 3 vol. *in-8°.*
Ramiste et Osalie, 1 vol. *in-12.*
Repentir, (le) 2 vol. *in-12.*
Rêveur sentimental, (le) 2 vol. *in-12.*
Romans Benoist. (de Mde.) (1)
Romans Bernard. (de Mlle.)
Romans de Berquin.
Romans de Bouflers.
Romans de la Calprenède.
Romans de Caylus.
Romans de Cazotte.
Romans de Crébillon , fils.
Romans de Dargens.
Romans de Darnaud.
Romans Daunoy. (de Mde.)
Romans de Diderot.

(1) Sous le titre de Romans , nous indiquons les principaux écrivains qui se sont livrés spéciale-ment à cette branche de littérature, et qui ont pu-blié plusieurs Romans.

Romans de Dorat.
Romans Darconville. (de Mde.)
Romans de la Dixmerie.
Romans de Duclos.
Romans de Ducray Dumesnil.
Romans Durand. (de Mde.)
Romans de la Fayette. (de Mde.)
Romans de Florian.
Romans de la Force. (de Mlle.)
Romans de Genlis. (de Mde.)
Romans de Gomez. (de Mde.)
Romans Imbert. (d')
Romans de Lamotte le Vayer.
Romans de Laplace.
Romans de Laroche Guilhem. (de Mlle.)
Romans Leprince de Beaumont. (de Mde.)
Romans de Lesage.
Romans de Lubert. (de Mlle.)
Romans de Luissan. (de Mlle.)
Romans de Marivaux.
Romans de Marmontel.
Romans de Mercier.
Romans de Mouhy.
Romans de Pigault Lebrun.
Romans de Prévost.
Romans de Puisieux. (de Mde.)
Romans de Retif Labrétonne.
Romans de Riccoboni.
Romans de Saint-Foix.
Romans de Segrais.
Romans de Scudéry.

Romans de Villeneuve. (de Mde.)
Romans de Ville-Dieu. (de Mde.)
Romans de Voltaire.
Romans de Voisenon.
Romans de Tencin. (de Mde.)
Romans de Tressan.
Roman Nocturne, 1 vol. *in-12.*
Roman du Jour, 1 vol. *in-12.*
Roquelaure, 1 vol. *in-12.*
Rosa, ou la Fille mendiante, 6 volumes
   in-12.
Rosalie et Gerblois, 1 vol. *in-12.*
Rose, ou la Bergere des bords du Morin,
   2 vol. *in-12.*
Rosemant, ou la Vengeance maternelle,
   1 vol. *in-12.*
Rosine, ou le Pas dangereux, 1 vol. *in-12.*

S.

Sabina d'Herfeld, 2 vol. *in-12.*
Sacrifices de l'Amour (les) 2 vol. *in-12.*
Samiens, (les) 1 vol. *in-12.*
Saint-Alme 2 vol. *in-12.*
Santeuil, victime de l'Amour, 1 vol. *in-12.*
Sanfort et Merton, 2 vol. *in-12.*
Secret d'être heureux, (le) 2 vol. *in-12.*
Séduction, (la) 1 vol. *in-12.*
Sémélion, 1 vol. *in-12.*
Stephanor, ou Aventures d'un jeune Portu-
   gais, 2 vol. *in-12.*

Séthos, 2 vol. *in-12.*

Siège de Calais (le) 2 vol. *in-12.*

Silphide, 1 vol. *in-12.*

Simple Histoire, 4 vol. *in-12.*

Socrate en délire, 1 vol. *in-12.*

Soirées de la Chaumiere, 4 vol. *in-12.*

Soirées d'Automne, (les) 1 vol. *in-12.*

Soirées de Mélancolie, (les) 2 vol. *in-12.*

Soirées Provençales, 3 vol. *in-12.*

Solitaire Anglais, (le) 1 vol. *in-12.*

Songes Philosophiques, 2 vol. *in-12.*

Sonnettes, (les) 1 vol. *in-12.*

Sopha, (le) 2 vol. *in-12.*

Sophie de Beauregard, 2 vol. *in-12.*

Sophie, ou Mémoires d'une jeune Religieuse
    1 vol. *in-12.*

Sophie et Ursule, 2 vol. *in-12.*

Sort (le) des femmes, 1 vol. *in-12.*

Souffrances (les) Maternelles, 4 vol. *in-12.*

Soupers de Vaucluse, 3 vol. *in-12.*

Souvenirs d'un homme du monde, 2 vol.
    in-12.

Sylvie, 1 vol. *in-8°.*

T.

TABLEAU de l'Amour Conjugal 4 vol.
    in-12.

Tableau de la Vie, 2 vol. *in-12.*

Tablettes Sentimentales, 1 vol. *in-12.*

Tansaï et Nadarné, 2 vol. *in*-12.
Tant mieux pour elle, 1 vol. *in*-12.
Tarsis et Zélie, 6 vol. *in*-12.
Téléphe, 2 vol. *in*-12.
Témidor, 1 vol. *in*-12.
Temple de Gnide, 1 vol. *in*-18.
Théodore, ou le Petit-Savoyard, 3 vol.
   in-12.
Théodore et Olivia, 2 vol. *in*-12.
Tombeau, (le) 2 vol. *in*-12.
Tom Jones, ou l'Enfant-Trouvé, 5 vol *in*-12.
Toni et Clairette, 4 vol. *in*-12.
Triomphe du Sentiment, (le) 2 vol. *in*-12.
Tristan Shandy, 6 vol. *in*-12.

V.

VALDEUIL, ou les Malheurs d'un Co-
   lon, 2 vol. *in*-12.
Valmore et Florello, 1 v. *in*-12.
Vancenza, ou les Dangers de la Crédulité,
   1 vol. *in*-12.
Veillées d'une Femme sensible, 2 vol.
   in-12.
Veillées de Cayenne, 1 vol. *in*-12.
Veillées Béarnaises, 2 vol. *in*-12.
Vénus la populaire, 1 vol. *in*-12.
Werthérie, 2 vol. *in*-12.
Vicomte de Barjac, 1 v. *in*-12.

Victor, ou l'Enfant de la Forêt, 4 vol. *in-12.*

Victorine, 2 vol. *in-12.*

Victimes de l'Imagination, (les) 2 vol. *in-12.*

Vie de Marianne, 4 vol. *in-12.*

Virginie de Bellemont, 1 vol. *in-12.*

Voyage du lord Henry, 1 vol. *in-12.*

Voyage à Cythère, 1 vol. *in-12.*

Voyage de Paris à Saint-Cloud, par terre et par mer, 1 vol. *in-12.*

Voyage autour de ma Chambre, 1 vol. *in-12.*

Voyage aux Enfers, 2 vol. *in-12.*

Voyage Sentimental, 2 vol. *in-12.*

Voyages imaginaires, 38 vol. *in-12.*

Z.

ZABETH, 2 vol. *in-12.*

Zadig, 1 vol. *in-12.*

Zaïde, 2 vol. *in-12.*

Zélaskim, 2 vol. *in-12.*

Zélia, 1 vol. *in-12.*

Zélie dans le Désert, 4 v. *in-12.*

Zélucco, 4 vol. *in-12.*

Zoé, ou les Mœurs de Paris, 2 v. *in-12.*

Fin de l'Indication de Romans.

TABLE

DES MATIERES

CONTENUES DANS CE VOLUME.

Préface de l'éditeur.   pag. v

Traité de l'Origine des Romans.   »

Observations sur les Romans.   131

Indication de quelques Romans anciens et d'un grand nombre de Romans modernes, par ordre alphabétique,   159

Fin de la Table des matières.

EXTRAIT

*Du Catalogue des livres qui se trou-
vent chez* N. L. M. DESESSARTS,
*homme de lettres, imprimeur et
libraire, rue du Théâtre-Français,
au coin de la Place de l'Odéon.*

————————

La Bibliothèque d'un Homme de Goût, ou
*Tableau de la Littérature ancienne et mo-
derne*, contenant des jugemens sommaires
sur les livres qui ont paru dans tous les
genres jusqu'à ce jour, avec l'indication
des meilleures éditions qui en ont été
faites, tant en France qu'en pays étranger, 4 v. *in-8°*. Prix, 10 fr. Le double
en papier vélin. — Le Supplément se vend
séparément, 2 francs 50 cent. Il contient
plus de 800 articles nouveaux sur les différentes branches de la littérature et des
sciences.

Les Vies des Hommes illustres de Plutarque,
3 vol. *in-8°*. (sans figures, 9 fr. ;) (avec
figures, 10 fr. 50 centimes.) — Le double
en papier vélin.

*Entretiens d'un Pere avec ses Enfans, sur
l'Histoire Naturelle*, 4 vol. de discours et

1 de planches , contenant 400 figures tirées des trois regnes de la nature ; par Dubroca, ancien professeur. Prix, 12 fr. et 15 francs par la poste pour les départemens. — Le double en papier vélin.

OEuvres morales et galantes de Duclos, de l'académie française, 4 vol. *in-8°.*, avec le portrait de l'auteur, dessiné par Cochin. Prix, 10 francs. — Le double en papier vélin.

Procès fameux, jugés avant et depuis la Révolution, contenant le Détail des circonstances qui ont accompagné le supplice des grands criminels, et des victimes qui ont péri sur l'échafaud. Prix, 2 fr. chaque vol. séparé; — 27 fr. les dix-sept vol. à Paris, — et 33 fr. pour les départemens, francs de port.

Les *OEuvres complètes de Gilbert*, 1 vol. *in-8°,*, avec le portrait de l'auteur. Prix, 2 fr. 50 centimes. — Le double en papier vélin.

Les *Poésies de Thomas, de l'académie française*, 1 vol. *in-8°.*, ou 1 vol. *in-12*. Prix, *in-8°.*, 2 fr. ; et *in-12*; 1 fr. 50 centimes, — 5 fr. en papier vélin.

Les *OEuvres de Reyrac*, avec le portrait de l'auteur, belle edition, 1 vol. *in-8°*. Prix, 2 francs, — 5 fr. en papier vélin.

Elite des Poésies de Chaulieu, 1 vol. *in-12.*
(belle édition, ornée d'une vignette allégorique) beau papier, 2 francs ; papier
vélin, 4 fr. — Cet ouvrage n'a été tiré
qu'à 300 exemplaires.

*Recueil de Préceptes sur le beau et sur le su-
blime, dans les ouvrages d'esprit*, 1 vol.
in-12. Prix, 2 francs.

*Recueil de Règles et d'Exemples sur la proso-
die française, la versification et le style
figuré*, 1 vol. *in-12.* Prix, 2 francs.

Pagination incorrecte — date incorrecte

NF Z 43-120-12

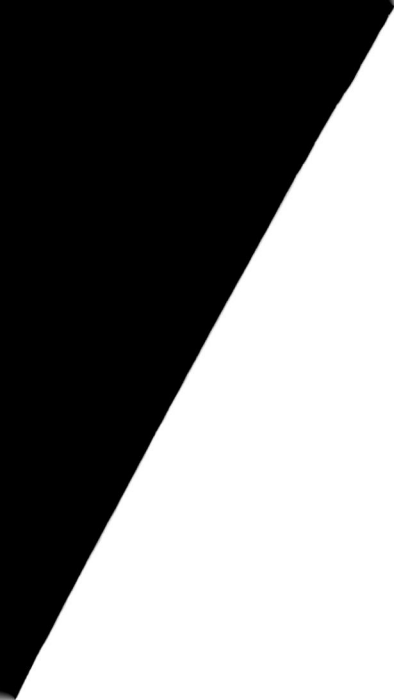

www.ingramcontent.com/pod-product-compliance
Lightning Source LLC
Chambersburg PA
CBHW060131100426
42744CB00007B/749